如何撰寫一份研究報告

（三到六年級）

How to Write
a Research Report

Grades 3-6

Kathleen Christopher Null ● 著

陳聖謨、林秀容 ● 譯

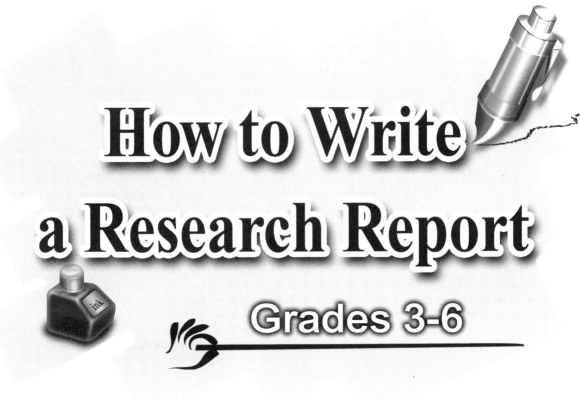

How to Write a Research Report

Grades 3-6

Kathleen Christopher Null

© 1998 Teacher Created Materials, Inc.

譯者簡介

陳聖謨

　　國立高雄師範大學教育學碩士、博士。

　　曾任國小教師、教育局督學、國小校長，現任國立嘉義大學教育學系副教授，兼國立嘉義大學附設實驗國民小學校長。

林秀容

　　北一女、中央大學法文系畢業。英國蘭開斯特大學英語語文學系博士班肄業，在修畢嘉義大學國小英語師資學分班後，即獻身於推廣兒童英語教育。

譯　序

　　新舊世紀交替迄今，激烈震盪的中小學課程改革浪潮仍是方興未艾。就如在新課程實施已歷五年多的此時此刻，仍處於「一綱一本」對「一綱多本」的拉鋸態勢中。這不免令人思索：所謂的「教育正確」的想法，仍如潮流一般，瞬息萬變。教育的一貫之道何在呢？

　　其實，管他一綱或多綱、一本或多本，不要「背不動的書包」，而要「帶著走的能力」，都將是永續受用的教育理念。畢竟在知識爆炸時代，我們需要給孩子建立新世代的學習觀；我們要讓孩子從知識的消費者轉型為知識的生產者。我們所要重視的是學生自主學習能力的養成。亦即學生要能獨立的透過蒐集、分析、組織與歸納各式各樣的資訊，進行有條理與有系統的專題探究，最終獲致問題的解決。儘管這種理念很容易闡明，但在教學實踐的現場，往往又令人覺得步伐蹣跚，無所適從。這會不會是理念與實務永遠是有差距的宿命呢？

　　正當我們納悶猶疑：如何將抽象的理念化為具體的實踐時，這本來自美國的《如何撰寫一份簡單／研究報告》一至三冊，給了我們相當具有實效的錦囊，閱後不禁令人有茅塞頓開、豁然開朗之感。按這系列書配合低中（1-3）年級、中高（3-6）年級及國中階段（6-8）年級學童的研究寫作需求，深入淺出的分冊介紹「如何做研究報告」。從定主題、資料蒐集、圖書館利用；資料整理分析，彙整所得的寫作要領、架構鋪陳、資料的引註方式，乃至最終的發表技巧，都面面俱到的說明並提供範例與練習。

　　個人相信，這會是孩子們做研究的實用工具書，也是家長或師長們指導孩童寫研究報告的輔助利器。當然，翻譯書的許多限制是來自於文化上的差距，本書中所引介的部分方法或工具，或與國內教育環境不同，如圖書館書籍編目方式、網路搜尋系統、文書與繪圖軟體的利用、資料引註方式等。為克服這種差異，並增加實用性，我們特別商請嘉大附小的三位同事：維慧、桂枝與琦智老師，整理補充了適合國情的相關媒材，附加在各個相對應的環節中，還請讀者們參考應用。

　　在這本翻譯書即將出版時刻，要感謝心理出版社林敬堯總編輯熱心接洽版權並慨允發行。另外汝穎編輯的密集聯繫、仔細採編，更是銘感在心。浩瀚無涯的知識領域如果像是無可勝數的魚群，當我們同意：給他魚吃，不如教他釣魚時，那麼，本書就是給孩子的捕魚工具。現在該是帶領我們的孩子整備出發了。

陳聖謨　序　2007.1

目錄 | **Contents**

簡　介

　　當老師提出「如何寫研究報告」的作業時，最尋常的反應是一片唉聲嘆氣。直到最近，以往行之有年的英文報告寫作書才逐漸改進，這種實際上是文法寫作的書籍總是致力於正確的表達及格式，在最後一章才收納一段文章或一篇小論文。《如何撰寫一份研究報告（三到六年級）》則是從提出一個主題開始，循序漸進地帶領學生從展開研究到呈現生動成果的歷程中，學到所需的基本步驟。將帶領學生經歷所有基本必要步驟，透過「步驟性」階段來呈現主題，從蒐集資料到「精華」呈現。給父母親的注意事項中建議家長適當的支持，並一步步地設定「建構計畫」中每個階段預定的時日。假若你的學生最後結語提到：「研究報告一點都不難！」你可千萬別驚訝。

　　本書分為下列幾個部分：

準備開始

　　學生將會學到什麼是研究報告，以及接收到寫作提示來為他們的寫作暖身。他們會查閱參考資料和其他可獲取的資源，然後選擇一個可行的主題；而且會問以下幾個重要的問題：誰（Who）？什麼（What）？何時（When）？何地（Where）？為什麼（Why）？以及如何（How）？

利用圖書館

　　學生將會探索圖書館，學習如何使用杜威十進位分類法、期刊、百科全書、年鑑、地圖集、字典、相關系列檔案、多媒體資料蒐集、參考書目和電腦資源。

做筆記

　　學生會在開始搜尋資訊前，寫下一個主要的概念卡，以縮小一篇報告的焦點。他們將會學習到做筆記的過程和使用索引卡來整理和追蹤資訊的方便性。

儲存資料

　　學生會練習如何寫下一個大綱和保存他們手邊的筆記、圖表、名單、圖示和圖

片，以作爲快速將想法行於紙筆的藍圖。

使之成形

學生將學會寫作過程的步驟、編輯和文件整理的重要性，以及運用大綱，來形塑（計畫和組織）他們的報告。

最後——撰寫報告！

學生會讀到一篇範例並完整呈現研究報告的各個章節。

使報告更精彩

學生將藉由聽覺化、視覺化以及觸覺化的作品來增進報告的創意性，藉以凸顯報告的清晰度以及動人之處。

準備開始

- ● 何謂一份研究報告？
- ● 選擇一個主題
- ● 撰寫提示
- ● 家長通知單

何謂一份研究報告？

　　一份研究報告呈現了作者經過如偵探般搜尋事實後所得的資訊。「事實」是在書本、雜誌、報紙、百科全書、地圖集、電腦程式，甚至是在個人的訪談中發現的。當你蒐集了撰寫報告的最佳事實時，你就成為你所研究的主題的專家。

　　你如何選擇一個主題？老師可能會要求你從一些你已學習過的事物中，選擇出相關的主題。或者，老師可能會要求你選擇一個你特別感興趣且得到老師同意的主題。當然，如果有很多可獲取的資訊，你可能想要選擇三個主題，然後到圖書館去查詢，以便在決定報告主題前，知道每一個主題可以找到多少資訊。假若你的主題有過多的資訊，你可能必須再縮小範圍。

　　在下面幾個可能的題目中，圈出你感興趣的題目：

熊	飛彈	河流	足球
蜘蛛	船	沙漠	網球
馬	火車	山	健行
爬蟲	汽車	洞窟	露營
長頸鹿	機車	蹤跡	釣魚
鯨魚	湖泊	籃球	搭乘竹筏
噴射機	海洋	游泳	乘獨木舟

　　從上面選擇三個最喜歡的題目，寫在下面的空白線上。然後在每一個題目後面，寫下一個更精確的題目，使你的報告更好處理。

最喜歡的題目	更精確的題目
例子：　　　行星	火星
1._____	_____
2._____	_____
3._____	_____

選擇一個主題

假定你的老師已經提供你一份主題選單，你從中選擇了「哺乳類動物」。現在，該怎麼辦？你最好立刻展開行動！

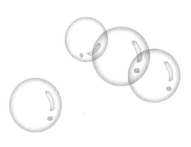

現在輪到你縮小這些主題了。

所選擇的題目	範圍縮小	範圍再縮小
交通工具		
昆蟲		
假期		
植物		
國家公園		

撰寫提示

　　你是否曾經盯著一張白紙，而不知道從何下手和要寫些什麼？嗯，你不是唯一一位會這樣的。即使你在寫一篇研究報告時有一堆筆記在旁，到頭來，你可能還是會望著一張依然空白的紙。別擔心，這可能是一件好事。把它先視為一個創作力的停頓，你的創作心思正在花一些時間休息，以便讓想法可以開始源源不斷。

　　一份研究報告可以展現你最佳的創作力；舉例來說，一份非洲大象的報告，若只是組織你得到的事實然後開始寫，將會非常無趣。假若你停一下腳步，你可能目睹這些有力的動物橫跨一個風沙平原、大聲吼叫、踢起使你鼻子及喉嚨乾澀的一陣風沙雲暴，且造成地面的震動。當你停頓時，你的研究事實和想像力可以結合起來，創造出感官景象。你的非洲大象的報告除了事實外，還能以清楚、視覺的感受來使你的閱聽者著迷。

　　在你開始寫報告之前，先想想你要含括的基礎：五個 W 和一個 H ：誰、什麼、何地、何時、為什麼和如何，以及五項感官：聽覺、視覺、嗅覺、觸覺和味覺。

　　有了以上基礎後，再看看以下的撰寫提示，以便為你的練習書寫暖身：

1. 描述你到最喜愛的主題樂園的最棒旅行。使用五個 W 和一個 H，訴說你所聽、所見、所聞、所感和所嘗。	2. 這是你最喜愛的假期。生動地描述你所見、所聽、所聞、所感和所嘗，含括五個 W 和一個 H。
3. 描述你前所未聞的最喜愛的故事。使用許多感官的細節，敘說有關人物性格、地點和事件。	4. 回憶一個特別的時間點所參觀最喜愛的地方。包含五個 W 和一個 H，述說你在那兒的所見、所聽、所聞、所感和所嘗。
5. 描述一件發生在你或你認識的人身上的好玩事件。當你在述說五個 W 和一個 H 時，使用你的感官。	6. 描述在寵物店選擇你最愛的寵物、帶牠回家，以及你和牠在一起的第一天時光。包含你五項感官的感受。

7. 描述你在一艘環遊世界的獨人帆船上一整天的旅程。使用五個 W 和一個 H，以及所有感官感受。	8. 一整天帶領一位視障的新朋友，清晰地描述每件事，以便他可以完整地感受到。
9. 描繪一趟充滿野生動物的峽谷健行。當你遇見四種動物時，使用五個 W 和一個 H，以及你的所有感官感受。	10. 你已發明一輛未來的車子。描繪你的「新科技」和進入偉大的未知的旅行。

家長通知單

親愛的爸／媽：　　　　　　　　　　　　　　　　　　　　日期：＿＿＿＿＿＿＿

　　我正在寫一份有關＿＿＿＿＿＿＿＿＿＿＿＿＿＿＿＿＿＿＿＿的研究報告。

最後報告的完成日是在＿＿＿＿＿＿＿＿＿＿。然而，在最後報告繳交之前，我得按期

完成以下各項要求，以供老師檢查：

　　課堂中大綱的完成日在 ＿＿＿＿＿＿＿＿＿＿＿＿＿＿＿＿＿＿＿＿＿＿

　　課堂中筆記卡的完成日在＿＿＿＿＿＿＿＿＿＿＿＿＿＿＿＿＿＿＿＿＿＿

　　課堂中目錄的完成日在＿＿＿＿＿＿＿＿＿＿＿＿＿＿＿＿＿＿＿＿＿＿＿

　　課堂中參考書目的完成日在 ＿＿＿＿＿＿＿＿＿＿＿＿＿＿＿＿＿＿＿＿

　　請帶我到圖書館，並鼓勵和監督我的研究，協助我尋找照片、表格和地圖等，以

幫助我完成這項計畫。

　　感謝你對這項計畫的興趣與鼓勵。請在下面的回條上簽名並撕下來，讓我可以在

明天將它繳回給老師。

＿＿＿＿＿＿＿＿＿＿＿＿＿

（學生簽名）

＿＿＿＿＿我已經閱讀過這份研究報告的注意事項，並且和我的兒子或女兒討論過。

＿＿＿＿＿我將會鼓勵和監督他（她）於期限內完成這項計畫的各部分。

＿＿＿＿＿我希望關於這項課業能開一個會議。

＿＿＿＿＿＿＿＿＿＿＿＿＿　　　　　　　＿＿＿＿＿＿＿＿＿＿＿＿＿

（家長簽名）　　　　　　　　　　　　　　（日期）

利用圖書館

探索圖書館

　　自古以來，圖書館就一直是儲存知識與世界智慧的地方。其中有公立圖書館、學校圖書館、學院和大學圖書館、州立圖書館、科技圖書館（如醫學、法律、科學和工程圖書館），以及為稀少、古舊、易損壞、有價值的書所設的參考書閱覽室。

　　你大部分的研究將會在圖書館裡完成，所以學習運用圖書館的方法很重要。一旦了解杜威十進位分類法，就毫無問題地能找到任何你要的主題。你也會發現雜誌、報紙、錄音和錄影帶、宣傳品和電腦軟體。在每一個圖書館的參考書架區內，皆有幾本《期刊文獻書目資料庫》（*The Reader's Guide to Periodical Literature*），其中列出了關於你的主題的雜誌文章。

　　每一個圖書館的圖書管理員都已經學過圖書管理科學，他們在尋找任何主題的資訊上是專家。他們的目的是協助圖書館的訪客，不要遲疑，盡量去尋求他們的幫忙。

　　尋找以下三個題目之一的資訊時，在一個圖書館中練習找到你的途徑，可參考圖書館的三種路徑圖（第 14 頁）：

獵犬	美國當地食物	滑雪板
· 請求圖書館員幫忙尋找有關獵犬的書籍。 · 在書架上找到四本有關獵犬資訊的書籍。 · 請問圖書館員何處可以找到更多有關獵犬的資訊。 · 查看《期刊文獻書目資料庫》尋找包含這些資訊的雜誌。 · 在雜誌區找三本有關獵犬文章的雜誌。 · 拿這四本書和三本雜誌到一個安靜的閱讀區做筆記。	· 使用卡片分類來找出這個主題的杜威十進位排序的編碼。 · 找出兩本美國在地食譜的書籍。 · 由電腦分類，獲取三本有關美國當地食物的書籍。 · 在書架上找出書來，檢閱索引和目錄。 · 查看《期刊文獻書目資料庫》，找出上百篇的雜誌文章。 · 打電話給媽媽，請她幫你帶枕頭、毛毯和牙刷，準備長期作戰吧！	· 使用電腦分類，寫下這個主題的書籍號碼。 · 查看《期刊文獻書目資料庫》，找滑雪板的雜誌文章。 · 前往書架以找出四本有關滑雪板的最佳書籍。 · 搜尋雜誌區，找出關於滑雪板的最佳雜誌文章。 · 選擇你所找到的關於這主題的三本雜誌和兩本書。 · 拿著它們到你可以安靜做筆記的桌上。

譯註：台灣多數圖書館已不使用書籍分類檢索卡，你可以利用中國圖書十大分類、書標顏色、書碼……等線索，至開放式書架區查找書籍，或以圖書館自動化系統搜尋館藏資料。

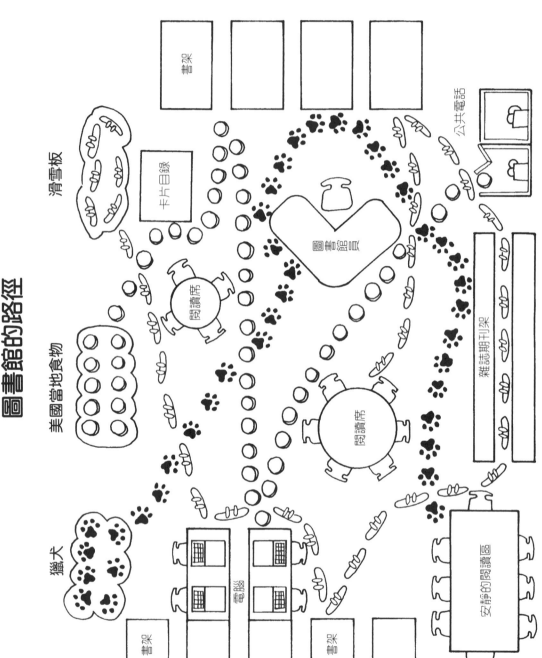

圖書館的路徑

書架

滑雪板

卡片目錄

公共電話

圖書館員

閱讀桌

美國當地食物

雜誌期刊架

閱讀桌

獵犬

安靜的閱讀區

書架

電腦

書架

杜威十進位分類法

所有圖書館中非小說類的書籍都是根據名為**杜威十進位分類法**所呈列，它是有名的杜威（Melvil Dewey）圖書館員所創的。它有十個主要類別，由 000 的總類（一般類）到 900 的歷史類。每一項主要分類再區分為十部分，著重於此類的一個面向。每一個次分類再被分為十區。每一本書有自己的編碼，藉由其分類可以幫你方便地在書架上找到它。在很多圖書館中，這項資訊可於電腦系統中找到。

（亞洲藝術）
Asian
Art

Richards

762. 85 Ric

 杜威十進位分類法

000-099　總類（百科全書、地圖集）

100-199　哲學（哲學、心理學）

200-299　宗教（各類宗教、神話）

300-399　社會科學（法律、政府）

400-499　語言（各種語言、字典）

500-599　純科學（數學、生物、太空）

600-699　應用科學與實用的藝術（商業、農業、烹飪、化妝術）

700-799　精緻藝術（音樂、運動、美術、攝影）

800-899　文學（詩、戲劇）

900-999　歷史（旅行、傳記、地理）

 卡片分類系統

在圖書館中，所有書籍的索引保存於容易更新的抽屜的卡片上，每一本書分別以**主題**、**書名**、**作者**列於三張不同的卡片上。這些卡片以英文字母次序排列安置。在每個抽屜前的標籤上標明抽屜中的第一張和最後一張卡片。

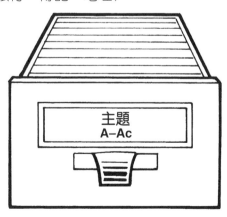

主題
A–Ac

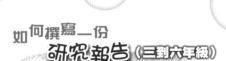

　　當你知道一本書的編碼時，就很容易找出其位置了。要找出編碼，就去查看圖書館中的作者名字、書名或書籍主題的卡片分類目錄（號碼是分類群組，字母 Dor 是作者名字的開頭字母，J 或 X 表示書籍可以在兒童區找到，YA 指的是青少年區）。

　　閱讀和討論以下三張卡片的相似與相異處：

主題卡
主題
J 629.132 Dor
航空學——意外事件的調查
Dorman, Michael F.
空中偵測：調查飛行意外。 Watts. c
1976. 索引・參考書目

書名卡
書名
J 629.132 Dor
空中偵測
Dorman, Michael F.
空中偵測：調查飛行意外。 Watts. c
1976.

作者卡
作者
Dorman, Michael F.
J 629.132 Dor
包含索引。描述飛機失事的政府調查員的工作，引用不同種類的意外事件和特定的撞機事件。
參考書目：第 97 頁
主題標語
1. 航空學——意外事件的調查

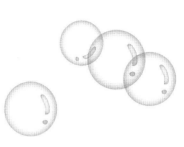

中國圖書分類法

「中國圖書分類法」是以美國「杜威十進位分類法」為基礎，再根據中文資料分類的需要修改而成。此分類法將人類全部知識分為十大類，均以阿拉伯數字來代表。此分類法目前在台灣地區用得相當普遍，無論公共圖書館、大學圖書館、中小學圖書館，甚至專門圖書館，大都採用此法整理圖書資料。以中國圖書分類法第八版為例，各數字所代表的類別如下表：

中國圖書分類法簡表

000 總類	000 特藏	010 目錄學總論
	020 圖書館與資訊科學總論	030 漢學總論
	040 類書：百科全書總論	050 連續性出版品：期刊
	060 普通會社總論	070 普通論叢
	080 普通叢書	090 群經：經學
100 哲學類	100 哲學總論	110 思想學問概說
	120 中國哲學總論	130 東方哲學總論
	140 西洋哲學總論	150 論理學總論
	160 形上學總論	170 心理學總論
	180 美學總論	190 倫理學總論
200 宗教類	200 宗教總論	210 比較宗教學
	220 佛教總論	230 道教總論
	240 基督教總論	250 回教總論
	260 猶太教總論	270 其他宗教
	280 神話總論	290 術數：迷信總論
300 科學類	300 科學總論	310 數學總論
	320 天文學總論	330 物理學總論
	340 化學總論	350 地球科學：地質學總論
	360 生物科學總論	370 植物學總論
	380 動物學總論	390 人類學總論
400 應用科學類	400 應用科學總論	410 醫藥總論
	420 家事：家政總論	430 農業總論
	440 工程學總論	450 礦冶總論
	460 化學工業總論	470 製造總論
	480 商業總論	490 商學總論
500 社會科學類	500 社會科學總論	510 統計學總論
	520 教育學總論	530 禮俗：禮儀總論
	540 社會學總論	550 經濟學總論
	560 財政學總論	570 政治學總論

	580 法律總論	590 軍事總論
600 史地類	600 史地總論	610-619 中國史地
	621-628 中國斷代史	630 中國文化史
	640 中國外交史	650 中國史料
	660 中國地理總志	670 中國地方志總論
	680 中國類志	690 中國遊記
700 世界史地	710 世界史地	720 海洋志泛論
	730 亞洲史地	740 西洋史地：歐洲史地總論
	750 美洲史地總論	760 非洲史地總論
	770 大洋洲史地總論	780 傳記總論
	790 古器物：考古學：古物學	
800 語文學	800 語言文字學總論	810 文學總論
	820 中國文學總論	830 中國文學總集
	840 中國文學別集	850-859 中國各種文學
	860 東方文學總論	870 西洋文學總論
	890 新聞學總論	
900 藝術類	900 藝術總論	910 音樂總論
	920 建築美術總論	930 雕塑總論
	940 書畫總論	950 攝影總論
	960 應用美術總論	970 技藝總論
	980 戲劇總論	990 遊藝：娛樂：休閒活動總論

中國圖書十大分類口訣

以下是依據中國圖書分類法發展出來的十大分類口訣，充分熟讀口訣將可協助你在沒有電子檢索系統的圖書館中較快速的查找中文書籍，使你更有效率的應用圖書資源。

0呀0，林林總總是總類
1呀1，一思一想是哲學
2呀2，阿彌陀佛是宗教
3呀3，山明水秀是自然
4呀4，實際運用妙科學
5呀5，我交朋友是社會
6呀6，六朝古都在中國
7呀7，七大奇景世界遊
8呀8，八仙過海說故事
9呀9，音樂美術最長久

找到圖書架上的書

公立圖書館		
000-099 總類（雜誌、報紙、百科全書、地圖集、多媒體）		六樓
100-199 哲學（心理學）	200-299 宗教（神話）	五樓
300-399 社會科學（法律、政府）	400-499 語言（字典）	四樓
500-599 純科學（太空、數學）	600-699 應用科學（烹飪、傳媒）	三樓
700-799 精緻藝術（建築、雕刻、音樂、攝影、休閒、運動）		二樓
800-899 文學（小說、詩集、戲劇）	900-999 歷史和地理（旅行）	一樓

使用上面的資訊，完成以下 10 個主題的表格。是否有哪個主題不止在一個地方可以找到的？＿＿＿＿＿＿

題目	類別	次分類	書架號碼	樓層
1. 棒球	精緻藝術	運動	700-799	二樓
2. 詩				
3. 地圖				
4. 搖滾樂團				
5. 分數				
6. 亞伯拉罕·林肯				
7. 恐龍				
8. 選舉				
9. 烤肉				
10. 海克力斯*				

＊譯註：希臘神話中宙斯之子，曾經完成十二件難事，是有勇氣且力大無比的英雄。

在另一張紙上，寫出五個你感興趣的主題。在圖書館的卡片分類中，為每一個主題找出一本書，寫下這五本書的書名、編碼和書架號碼。然後試著在書架上找到這五本書。

	主題	書名	編碼	書架號碼
1.				
2.				
3.				
4.				
5.				

所有圖書館架上的非小說類書籍皆是由左至右依號碼順序排列。

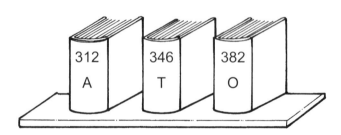

如果書籍有一模一樣的杜威十進位分類法編碼，就會依照作者姓氏的第一個字母次序排列。

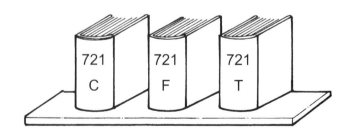

現在該你以正確順序寫下這些圖書館書籍的編碼。記得是以由左到右的號碼順序排列，如果號碼一樣，便使用字母表的順序。

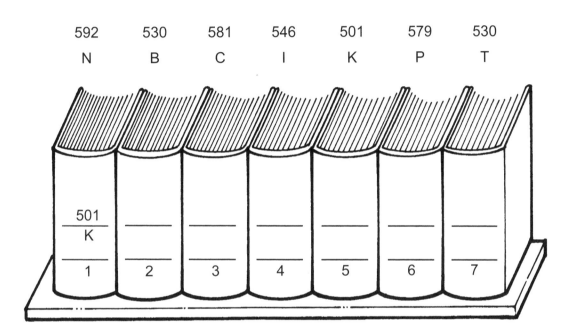

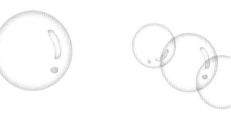

認識中文索書號

　　圖書館裡的中文資源和西文圖書相同，都是根據書標上的書碼採由左而右、由上而下的原則排列，因此我們必須先認識中文索書號（Call Number），才能依此線索找到需要的資源。認識了索書號之後，到圖書館看書就可以先查詢目錄，記下索書號，再到架上依書號找尋圖書了。另外，閱讀完畢請記得按照索書號將書放回正確的位置，這樣下次要再看這本書時，才能很快的找到喔！

索書號的長相

特藏號 ←	R047	→ 分類號
作者號 ←	8463	
部冊號 ←	v.1 c.2	→ 複本號

　　一般而言，索書號包括特藏號、分類號、作者號、部冊號和複本號，茲簡單說明如下：

特藏號	標示不同種類資料，讓我們知道資料類型，並可依據資料種類辨識該資料的放置區域，例如： R 代表參考資料、 J 代表兒童書。
分類號	根據中國圖書分類法，依書籍資料內容給予號碼。
作者號	將作者姓名依「四角號碼檢字法」或「首尾五筆作者號碼法」等方式給予號碼，故同一作者的號碼是一樣的，但不同作者也可能會有相同的作者號。
部冊號	成套的圖書，以 v.1 、 v.2 ……等標示冊次， v 代表冊（volume）。
複本號	同一館藏地若有相同圖書二本以上，則以複本數（copy）區分，例如 c.2 代表同一館中的第二筆相同的圖書資料。

網路搜尋

如同史蒂芬生（Robert Louis Stevenson）所言：「這個世界充滿很多東西……」而且全都可以在網路上找到！

網路是把所有電腦連結在一起的網絡，所以它們可以彼此「交談」。例如，十歲的馬修因為班上才剛閱讀完《湯姆歷險記》這本書，而需要寫一篇有關湯姆在密西西比河生活時期的研究報告。因為馬修正在學校的電腦室，他決定在網路上查一查他的主題。他設法連結到另一州的大學圖書館，而且找到他可以使用的更多資訊。

聽起來很棒吧！然而，在你「上線」前，切記要留意一些重要的安全規則。

安全上網守則

1. 絕對不要給任何你個人或家人的私人資料，例如你的全名、住在何處，或你的電話號碼。
2. 你會在網路上遇見很多友善的人，但要記住——他們是陌生人。
3. 如果你發現自己正在進行一場令你不舒服的網路對談，可告知你的網站服務人員。
4. 絕不要洩漏你的密碼。
5. 除非是你父母同意這場會面，而且陪你到一個公共場所，否則絕不要同意去會見你在網路上聊天的人。
6. 在你和父母先確認前，絕不要寄給你在網路上遇見的人有關你的照片或任何東西。

網路上，只要按一下滑鼠，你就可以找到字典、百科全書、新聞網（來自很多報紙的即時新聞）、雜誌的存檔資料、家庭作業小幫手，以及很多其他的參考資料。要找到像這個問題：「世界上最長的河流？」的答案，你可以使用像「家庭作業小幫手」（Homework Helper）這樣一個線上程式。點一下**搜尋引擎**，然後這個程式就會開始透過資料庫運作，找到任何與最長、河流和世界相配的資料。很可能會在螢幕上提供一百多個資訊來源供你瀏覽。如果你找到一篇對你有用的長文章，你可以先將它儲存

在你的硬碟中，以待日後再來閱讀。這樣就不會花費太多上網時間的費用，而你的父母也會十分贊同的。

　　無論在當地公立圖書館、學校或家裡，是否有途徑可連上網路，如果你對搜尋網路是新手，你可以先練習搜尋一個主題。即使你已經有經驗，練習也會使你在搜尋上進展更快，你就能夠在有限的上網時間內，找到更多的資料。接下來的活動（第 26 頁）將提供你一些練習的機會。

找尋資訊

　　為了要幫助你學會搜尋網路上的資訊，老師會指定一個題目供你研究，且教你如何使用一個「搜尋引擎」。

你所需要的：	你要做的：
硬碟： 　IBM、麥金塔或者能與網路連結相容的電腦 *軟體：* 　像 Netscape *、Mosaic 或者是商用線上網路帳號的瀏覽器，可支援全球資訊網（www）。 *搜尋研究表*（如下頁所示）	1. 腦力激盪你被分派的題目。 2. 列出一張次主題： 　主題：熊； 　次主題：環境、餵食習慣與行為。 3. 使用一個搜尋引擎去研究你的主題和次主題來找資訊。 4. 得到老師同意，選擇某些文件加以列印、儲存，並新增一個資料夾，以備將來使用。

＊譯註：早期台灣尚有許多人使用此瀏覽器，中譯為「網景」。現在最普遍的瀏覽器為 Explore。

搜尋研究表

方法：使用一個網路搜尋引擎來尋找有關你的主題的資訊，確定你已聚焦於次主題。列印包含題目的資訊，並列出你的來源。

姓名＿＿＿＿＿＿＿＿＿＿＿＿＿＿＿＿＿＿＿＿日期＿＿＿＿＿＿＿＿＿＿＿

題目：＿＿＿＿＿＿＿＿＿＿＿＿＿＿＿＿＿＿＿＿＿＿＿＿＿＿＿＿＿＿

次主題： 1.＿＿＿＿＿＿＿＿＿＿＿＿＿＿＿＿＿＿＿

　　　　 2.＿＿＿＿＿＿＿＿＿＿＿＿＿＿＿＿＿＿＿

　　　　 3.＿＿＿＿＿＿＿＿＿＿＿＿＿＿＿＿＿＿＿

　　　　 4.＿＿＿＿＿＿＿＿＿＿＿＿＿＿＿＿＿＿＿

我將會使用＿＿＿＿＿＿＿＿＿＿＿為我的搜尋引擎，以尋找有關我的主題的網站。

被使用的網路網站：＿＿＿＿＿＿＿＿＿＿＿＿＿＿＿＿＿＿＿＿＿＿

網站名稱：＿＿＿＿＿＿＿＿＿＿＿＿＿網站型態：＿＿＿＿＿＿＿＿＿＿＿

網站的 URL（網址）：＿＿＿＿＿＿＿＿＿＿＿＿＿＿＿＿＿＿＿＿＿＿

搜尋期刊

期刊就是定期——每月、每週和每天——出版的雜誌與報紙。當你無法找到關於你的主題（如「滑雪板」）的書籍時，可轉向圖書館中的期刊區找找看。因為期刊較常被出版，它們通常有關於一個主題最新的資訊。以下是你該做的：

1. 在圖書館的參考區找出列有最新雜誌文章的《期刊文獻書目資料庫》。
2. 查一查你的主題，選擇有最多資訊的文章，快速抄寫下你要的雜誌標題、日期和冊號，或者複製一份。
3. 將那些訊息給負責期刊區的圖書館員，他們將會幫你找到這些期刊。

大部分圖書館在電腦裡有相同的資訊給有圖書館證的人使用，稱為**公開途徑分類**，其中列出書籍與期刊兩者。在一些圖書館中，你的個人電腦也可以進入此分類，它提供你有關成年書籍、童書和非科幻類的書籍、期刊、錄影帶和 CD 的資訊，且具有多國語言。向你的圖書館員要一份網路公開途徑分類的資訊簡介手冊。

由電腦的線上公開分類，閱讀與討論這些關於「狗」的入門之法：

資料庫：一般資訊參考中心
主題：狗
次分類：照顧與治療
圖書館：橘郡公立圖書館

「讓狗狗更長壽」，（寵物的預防性照顧）（T&C 的動物醫療手冊）凱特·強娜森·葦納（Kate Johanna Weiner）。《城市與鄉村月刊》，1997 年 7 月，第 151 期， 第 5206 號， 114 頁（1），Mag. Coll.:8965477. Elec. Coll.: A19550558.
——摘要與內文皆可取得——

「疼痛的尾巴：關於狗狗米爾斯的撼人事實」，愛莉森・貝爾（Alison Bell）。《青年雜誌》，1997 年 6 月，第 41 期，第 6 號，71 頁（3），Elec. Coll.:A19661336.
——摘要與內文皆可取得——

「解除疼痛的方法：知道簡易急救技巧可以救你寵物的生命」，伊莉莎白・麗芙（Elizabeth Leaff）。《週六晚報》，1996 年 3-4 月，第 268 期，第 2 號，26 頁（3），Mag. Call.：82L155, Elec. Coll：A18049424.
——摘要與內文皆可取得——

使用百科全書

　　百科全書是一系列包含世界上任何事情的相關資訊的書籍。而內容資料是以字母排列順序來安排，以 A 在第一冊為開始，而以 Z 在最後一冊做結束。你的圖書館會有一套百科全書，也可能會有好幾套。學校的圖書館可能也有一套，而百科全書就是一個為你的研究論文尋找資訊的好材料。

寫出下列每個主題會出現在哪一本百科全書上。

photography（攝影）	rattlesnakes（響尾蛇）	The Beatles（披頭四）
dinosaurs（恐龍）	lightning（閃電）	volcanoes（火山）
Hawaii（夏威夷）	wildflowers（野花）	space shuttle（太空船）
chocolate（巧克力）	computers（電腦）	gorillas（大猩猩）

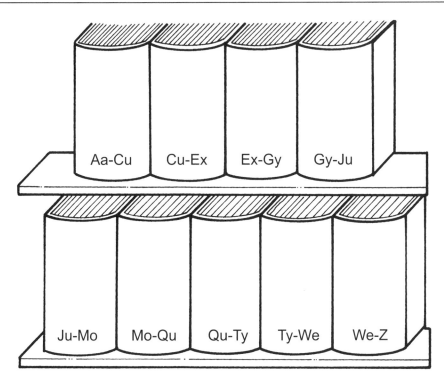

譯註：為方便查檢，《中文百科全書》（如：《中華兒童百科全書》、《中國少年兒童百科全書》等）通常以注音、部首、筆畫、分類或專題的方式編排。使用時除了主要的排檢方法外，通常備有附錄索引，提供不同的方法供讀者選擇利用。舉例來說，查找「地震」時，除翻閱目錄找尋相關主題外，亦可翻閱注音符號「ㄉ」或從「六畫」的「地」字查找。

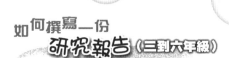

使用電腦百科

如果你的學校或圖書館有一台裝有光碟機（只讀取光碟片中記憶體）的電腦，只要按一下滑鼠，就會有通往驚人數量資訊的途徑。以下就是你要做的，一次進行一個步驟。

1. 放置百科全書的光碟片於槽盤中、關上光碟機，再根據螢幕上的指示開啟程式。
2. 當你到主選單，你可以按下引導的**導覽**或是**使用說明**（或者兩者）來找到介紹性的展示，這會在你探索時給你有用的資訊。
3. 主選單至少會提供你兩種方法來開啟你要的搜尋。（1）可以把你的主題鍵入一個空格中，然後在「獲取項目」、「文章」或只是「得到」或「尋找」按一下滑鼠。很快地，螢幕上就會出現資訊。（2）你也可以在一系列依字母排序的主題中滾動捲軸，然後在你感興趣的其中之一按下滑鼠。點選之後，你就可以用滑鼠按下「得到」或「尋找」。
4. 很多光碟片的百科全書能讓你在目錄或索引中直接點選，以幫你尋找一個題目，或者可以於空格中輸入一個想法，以找到相關的主題。大多數在文章最後都有一系列的閱讀書單。
5. 當你的主題資訊出現在螢幕上時，你可以滾動捲軸且閱讀文章，或加入書籤，以便之後可重回到那個資訊。
6. （**文書處理**）記事本通常會被涵蓋進去，所以你可邊搜尋邊做筆記。你可以複製你的筆記到記事本以列印出來，或在另一個程式使用。
7. **字典或同義字典**也可能包括其中，所以你可以很容易地查閱任何你不知道的字。
8. 一篇文章中一些字的彩色標示（如名字或地點）可以用滑鼠點入，以帶出相關主題的另一篇文章。
9. 你可以找到表格、圖表、時代進展線、地圖、聲音和動畫，以便用於一篇多媒體的報告。

花一些時間研究一套光碟百科全書，以探索你感興趣的題目。快速抄下它們是如何引導你的──是利用表格、圖表、地圖、時代進展線、聲音，或是其他主題？

卡片與電腦分類

　　每個圖書館皆有分類目錄來幫你找到你要的書，有一種稱為「卡片分類目錄」，也就是放在小小的檔案抽屜櫃子內，包含著圖書館中每本書的卡片。每張卡片皆有一個「編碼」來幫你找到書架上的書。而「電腦分類目錄」包含相同而且更多的資訊。圖書館員會樂意教你如何使用這些分類目錄。

　　在卡片分類目錄上，你會發現每本書有三張依照字母順序排列存檔的卡片。**書名卡**是依照書本的書名而存檔。例如 *Green Eggs and Ham* 可以在"G"抽屜找到。而**作者卡**是依照作者的名字排列書籍，如果你要找的作者是 Scott O'Dell，你會發現他的卡片在"O"的抽屜中被歸檔。假若你不知道作者的名字或書名，但知道你想要找有關 whale（鯨魚）的書，你可以在"W"抽屜中找到有關鯨魚的**主題卡**。要確定你已寫下所有書本的編碼。

　　電腦的分類目錄就像是卡片的分類目錄，你可以輸入你所知道的——作者、主題或書名——當電腦在搜尋時，稍候一下。很快地，你將會看到作者名字、書本的書名、主題，以及一長列同一個作者的其他書籍。如果你輸入主題進去，你將會找到關於相同或相似主題的一系列書單。電腦也會列出書本的編碼，詳述在圖書館中該書有多少本可用，並且顯示你要的書是否仍在書架上。

以下是一系列的書名、作者和主題。你需要更多的資訊，在此名單上的每一項，寫下你是否需要以「書名卡」、「作者卡」或「主題卡」查閱該書。

《打瞌睡的房子》　＿＿＿＿＿＿＿＿＿＿＿＿＿＿＿＿＿＿

海洋　＿＿＿＿＿＿＿＿＿＿＿＿＿＿＿＿＿＿

滑雪　＿＿＿＿＿＿＿＿＿＿＿＿＿＿＿＿＿＿

馬克・吐溫　＿＿＿＿＿＿＿＿＿＿＿＿＿＿＿＿＿＿

《黑神駒》　＿＿＿＿＿＿＿＿＿＿＿＿＿＿＿＿＿＿

印度　＿＿＿＿＿＿＿＿＿＿＿＿＿＿＿＿＿＿

《通往泰瑞比西亞的橋》　＿＿＿＿＿＿＿＿＿＿＿＿＿＿＿＿＿＿

電腦　＿＿＿＿＿＿＿＿＿＿＿＿＿＿＿＿＿＿

泰勒（Theodore Taylor）　＿＿＿＿＿＿＿＿＿＿＿＿＿＿＿＿＿＿

《藍色海豚島》　＿＿＿＿＿＿＿＿＿＿＿＿＿＿＿＿＿＿

圖1、圖2為圖書館自動化系統「目錄查詢」之範例。

圖1：國立嘉義大學附設實驗國民小學圖書館自動化系統「目錄查詢」介面

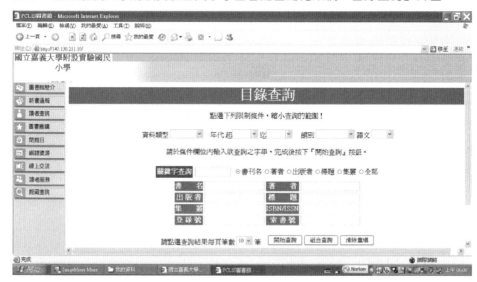

圖2：國立嘉義大學附設實驗國民小學圖書館自動化系統「目錄查詢結果」介面

經關鍵字查詢後，系統將羅列出以「昆蟲」為書刊名的相關館藏資訊。

做筆記

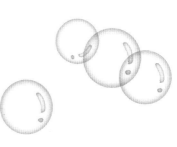

資訊來源

　　使用下表為你的題目記錄資料來源，如百科全書的文章、書籍、雜誌、報紙、電腦百科和網路等。假若你無法找到非常多的資料，立刻和你的老師討論，你可能需要選擇另一個題目。當你在查詢你的題目時，帶著這張表。要確定在開始你的研究前，你的老師已經檢閱過了。

姓名_____　題目 _____

寫下你找到有用的百科全書的名字與冊數

百科全書

_____

冊數／頁碼

_____

寫下你覺得有用的書籍的書名、作者和編碼

書名

_____

作者_____　編碼 _____

使用雜誌資訊的《期刊文獻書目資料庫》

文章標題 _____

出版社 _____　日期_____

寫下你所找到包含有用的資訊和文章標題的電腦百科全書的名稱

百科全書名稱

_____

文章標題

_____

列出在網站上找到對你的報告主題有用的資訊

網站名稱_____

URL（www 網址）_____

串聚想法

　　「串聚」是幫助你在寫作前組織資訊的創意性練習，可使你看出各個部分如何融會貫通。串聚有時候稱作連結或圖解，當你在搜尋或研究你的題目時，盡速寫下你想要在下表中含括的次主題。主要的主題始於最中心的圓圈，再將次主題的圓圈緊環繞著它。圍繞著它們，將各種資訊串聚在正確的次主題上。

＊譯註：為法國路易十六之后妃。

　　在空白頁的紙上，串聚你的筆記卡片中的題目，以幫助你組織你的報告。

主要意旨的陳述

　　在你選定題目並做了一些搜尋後，你可能對於你的報告將如何呈現有些不錯的想法。此時便是創作出一個表明主要意旨的好時機；如此一來你可以專注於你的題目且避免做不必要的筆記，陳述主要意旨會節省你的時間。

　　主要意旨的表明將會是你報告中的第一個句子，你的所有筆記和接續在報告中的每一個句子，將會和你的第一個句子有相關性的連結。

主題：西南方的美國印地安人。
縮小的主題：阿納薩齊人（The Anasazi）。
主要意旨的陳述：以「遠古族群」而聞名的阿納薩齊人曾經是一個高度發展和繁榮的美國原住民族群。

　　將主要意旨的陳述放在你的筆記卡片中的最上面一張，如此一來，當你做筆記時，你就會持續專注於你的主要概念。如果你的主要意旨陳述是上述有關阿納薩齊人，你可以檢閱你所找到有關西南方部落的資訊，以便了解這些資訊是否支持那個概述。舉例來說，有關於阿納薩齊人所建構完善的家的資訊將會支持此概述，而有關霍皮族（Hopi）的傳說就無法支持。

以下列的題目為主來做練習，看看你是否能夠寫出一個主要意旨的概述。

籃球_____

太空_____

電腦_____

馬_____

冰淇淋_____

　　現在縮小你的主題，在你寫下你的主要意旨的陳述前，先仔細思考。記住，這會是你報告中的第一個句子，而且所有的句子都會支持它。

我的主題是：＿＿＿＿＿＿＿＿＿＿＿＿＿＿＿＿＿＿＿＿＿＿＿＿＿＿＿＿

我縮小的主題是：＿＿＿＿＿＿＿＿＿＿＿＿＿＿＿＿＿＿＿＿＿＿＿＿＿＿

我的主要意旨的陳述為：＿＿＿＿＿＿＿＿＿＿＿＿＿＿＿＿＿＿＿＿＿＿

＿＿＿＿＿＿＿＿＿＿＿＿＿＿＿＿＿＿＿＿＿＿＿＿＿＿＿＿＿＿＿＿＿＿

＿＿＿＿＿＿＿＿＿＿＿＿＿＿＿＿＿＿＿＿＿＿＿＿＿＿＿＿＿＿＿＿＿＿

＿＿＿＿＿＿＿＿＿＿＿＿＿＿＿＿＿＿＿＿＿＿＿＿＿＿＿＿＿＿＿＿＿＿

　　在你做下一步研究報告前，請老師幫你檢閱你的主要意旨的陳述。

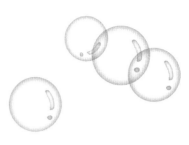

製作筆記卡片

當你開始寫你的研究報告時，一疊索引卡可以是你最佳的益友。如果你將筆記卡做得很好，你便能夠分類與重整你的筆記，而無須重新檢閱資料。

 材料

- 一疊索引卡（任何大小皆可）
- 一支原子筆或鉛筆
- 厚橡皮筋或信封
- 40 頁為筆記卡的範例

 方法

1. 讓你的卡片隨手可得，那麼你就可以很容易地加上你的筆記。

2. 在最上面的卡片寫上**你的名字、主題**和**日期**。

3. 在下一張卡（即來源卡）**右上角**寫上**來源＃1**。來源就是資料的出處，號碼會隨著來源的變動而更動。

4. 在你卡片的**左上方寫上關鍵字**，此關鍵字會是你報告的次主題。假若你正在寫一份有關棒球的報告，每當你找到有關棒球的歷史時，在寫下資料之前，就將這個關鍵字「歷史」寫在那張卡片的左上角。為組織統整你的卡片，可將所有關於棒球歷史的卡片做成一疊。

5. 接下來在這張卡片上，你要寫上**來源的名字**（通常是作者的全名）、這本書或文章的**標題、出版的日期**和**出版地**以及**頁碼**。關於出版資料，你只需寫一次。之後，只需要在卡片上寫下相同的來源號碼，就可知道資料是從哪本書來的。

6. 你剩下的卡片應該被用在記錄你報告所需的資料。在引用句子時要確實用引號，剩下的就用你自己的話寫下來。如果你在同一本書上有更多的筆記要寫，使用另一張卡片且寫下相同的來源號碼、頁碼和資料。

7. 當你從另一本書摘錄筆記時，就像前一

本一樣，給它接續下來的一個來源號碼，且要在第一張卡片上記錄下作者名字、書
本標題和出版資訊。

8. 要確實保存好你的筆記卡，因為在你的報告中的每一個部分、甚至是最後的參考書
目，都要使用到它們。

筆記卡範例

（最上面一張卡片）
史恩・彼得斯（Sean Peters）
足球
9 月 29 日

（第一個來源的第一張卡）　　　　　　1
歷史
麥克・康克霖（Conklin, Mike）
《室內足球》
當代，1978
第 26-30 頁
在 1820 年代橄欖球來自於英式足球
美式足球來自於橄欖球

（第一個相同來源的第二張卡）　　1
歷史
足球曾經是由動物的膀胱所製
造的
第 31 頁

（一個新的或第二個來源的卡片）　　2
職業足球
桑德・霍藍德（Hollander, Zander）
《職業足球完全手冊》，第 14 版
NAL, 1988
第 16 頁
最早的主要球賽是薔薇體育館足球賽
（Rose Bowl）*

*譯註：薔薇體育館足球賽是於每年 1 月 1 日在美國加州帕薩迪納（Pasadena）的薔薇體育館足球場舉
行的美式足球全美決賽；當天為增加這項比賽的熱鬧，會舉行以薔薇花裝飾的花車遊行的花祭。

組織筆記

你已經閱讀了許多的書籍、雜誌文章和百科全書，加上好幾小時的點按電腦滑鼠後，你已經得到一堆又一堆的筆記卡，甚至慢性的手肘痙攣了*。那麼，下一步呢？該是開始組織你的筆記和擬出一個粗略大綱的時候了。

1. 檢閱每張筆記卡，並刪除和你的主要意旨的陳述無法相符的任何資料。
2. 將你的筆記卡分類為一疊一疊的相關資料。例如，你的報告是有關（北美的大）**灰熊**，將你的資料分類後，一疊是有關灰熊的「緣起」和「歷史」，一疊是有關熊的「飲食」，一疊是有關熊的「行為」的資料等。
3. 當你的卡片分類好後，要依序重整一疊疊的資料。你可能想要從熊的早期歷史著手，如：它是在哪裡和何時首先被發現的等等，將那疊卡片擺放在你寫作報告的最開始，然後再尋找下一個邏輯性的次主題。
4. 如果你的一疊卡片正好只有一點點資料，你有以下的選擇：將它加入另一疊、做更多的研究，或者如果沒有什麼重要性的話，就先捨棄。
5. 當你將你的卡片依順序放好時，你就可以寫一份粗略的「大綱」。給每一疊卡片一個標題，再簡略列出每個標題的一些資訊以作為次主題。

當你在下頁寫下你自己的大綱前，研讀一下以下這個粗略大綱的範例。

主題：懷俄明州的大灰熊

第一部分：歷史與緣起（你的第一疊卡片）

　　　　次主題：第一隻灰熊在何處被看見——這種熊如何被命名的——灰熊是從哪裡來的——堂表兄弟姊妹和其他動物親戚

第二部分：捕獵灰熊（你的第二疊卡片）

　　　　次主題：捕捉器和熊皮的買賣交易——灰熊產品——與人類的遭遇戰——瀕臨絕種的灰熊

＊譯註：因長期使用電腦而造成手部痙攣的現象。

現在換你了，將你的筆記卡按順序排好，再將它們分類為一堆堆的次主題。用下面的表格寫一個粗略的大綱，若有需要，可續用到背面的空白處。一旦它們以大綱順序排好，標明所有你的卡片號碼，這樣資料將會依你寫報告想要的順序來呈現。

姓名：_____

報告主題：_____

　第一部分：_____

　　　次主題：_____

　第二部分：_____

　　　次主題：_____

　第三部分：_____

　　　次主題：_____

　第四部分：_____

　　　次主題：_____

　第五部分：_____

　　　次主題：_____

　第六部分：_____

　　　次主題：_____

　第七部分：_____

　　　次主題：_____

儲存資料

- 大綱
- 練習撰寫大綱
- 事實與看法
- 圖表和圖示
- 製作圖文並茂的報告

大綱

　　大綱就像一張藍圖或一道食譜，一旦你寫下大綱，撰寫報告將會非常簡單！你可以用你的筆記卡來幫助你決定如何安排你的大綱。再次閱覽你的筆記卡，並且把它們依照次主題分類——也就是你卡片左上角的關鍵字（第 41、42 頁提供組織筆記非常好的練習）。

　　下面是一個研究狗的報告的最後大綱之範例，請注意所有主要題目皆靠左邊，且有數字一、二……。而次主題則是內縮且有㈠、㈡、㈢……。再次主題下的細節也是再內縮一些而且標示了阿拉伯數字 1、2、3；而最後數字⑴、⑵、⑶等則是屬於 1、2、3 阿拉伯數字項目的細項。

```
                              狗
┌─────────────────────────────┬──────────────────────────────┐
│ 狗在現代社會扮演兩種角色：工作犬和寵       │                              │
│ 物犬。                        │   2. 長鬍柯利犬                │
│ 一、工作犬                     │   3. 牧羊犬                    │
│   ㈠ 捕獵                      │   ㈣ 防衛                      │
│     1. 銜回獵物的犬             │     1. 洛特維勒牧羊犬 [3]        │
│       ⑴ 黃金獵犬              │     2. 德國牧羊犬，德國狼犬 [4]    │
│       ⑵ 拉布拉多獵犬           │     3. 杜伯曼犬                 │
│     2. 㹴犬                    │ 二、寵物犬                     │
│       ⑴ 傑克拉塞爾㹴犬          │   ㈠ 小型犬                    │
│       ⑵ 剛毛犬               │     1. 西施犬                  │
│       ⑶ 狐狸犬               │     2. 拉薩犬                  │
│   ㈡ 追蹤                      │     3. 貴賓犬                  │
│     1. 獵犬                    │   ㈡ 中型犬                    │
│       ⑴ 尋血警犬（英國的一種警犬）  │     1. 可卡犬 [5]              │
│       ⑵ 巴塞臘腸狗（原產於法國，腿  │     2. 蘇格蘭㹴犬              │
│          短身長）              │   ㈢ 大型犬                    │
│     2. 杜伯曼犬 [1]             │     1. 萬能㹴 [6]              │
│     3. 聖伯納                  │     2. 愛斯基摩犬 [7]           │
│   ㈢ 牧集看守                  │     3. 西伯利亞哈士奇犬 [8]       │
│     1. 柯利犬 [2]              │                              │
└─────────────────────────────┴──────────────────────────────┘
```

（持續使用這樣的方法，直到你將所有選擇的分類都列出大綱。）

---

1 譯註：杜伯曼犬為梗犬的一種，為軍用或警用；毛短而潤，呈暗色，帶棕色斑點；簡稱 Doberman。

2 譯註：蘇格蘭原產的牧羊犬。

3 譯註：產於德國西南部的洛特維勒，身形高大，短尾，短毛，褐臉，小垂耳，體毛黑色。

4 譯註：做警犬用。

5 譯註：腿相當短，耳朵長且下垂，毛平滑濃密。

6 譯註：粗毛，棕色有黑斑點的大狗。

7 譯註：一種阿拉斯加的雪橇犬，體粗壯，呈灰、黑或白色。

8 譯註：哈士奇犬為北極地區原產的一種愛斯基摩犬。

練習撰寫大綱

練習撰寫大綱是很有趣的，它可以使你變成一位撰寫大綱的專家。下面這個大綱，你甚至不需要去查閱任何書籍來找尋資訊。你已經掌握在腦海中，你可以寫下一份關於自己的大綱。這裡的例子只是給你做個參考，你可以使用任何你想要的主題或次主題，只是要確定在你的大綱中至少包含五個主題。

麥可巴芬頓

一、外表
　　㈠ 十一歲
　　㈡ 藍眼睛
　　㈢ 棕髮
　　　　1. 有很多額前蓬亂的鬈髮
　　　　2. 頭髮長得非常快

二、生日
　　㈠ 12 月 30 日
　　㈡ 生日當天是暴風雪的日子
　　㈢ 曾經有過最棒的生日派對

三、家庭
　　㈠ 小康家庭
　　㈡ 有一個弟弟和妹妹
　　㈢ 一隻寵物小狗 Friskie

四、嗜好
　　㈠ 電腦
　　　　1. 電腦繪圖
　　　　2. 網頁設計
　　㈡ 音樂
　　　　1. 小喇叭
　　　　2. 最愛的音樂 CD
　　㈢ 滑板

五、最愛
　　㈠ 義大利千層麵
　　㈡ 電影
　　㈢ 海洋

現在拿出一張紙寫下關於你自己的大綱！並加入你在大綱裡面所提及的一些活動照片。

事實與看法

當你寫一份研究報告,你必須非常小心地主張事實。一份研究報告是用來提供給人們真實或被證實為真實的資訊。

這是一個事實嗎?

「法國是世界上最適合居住的地方。」

不論你是否同意,它只是某個人的看法,不是一個事實。

在下面的每個句子前的空格中,是事實(fact)則寫上 F ,是看法(opinion)的寫上 O。

> 很多植物都有刺。(事實)

> 有刺的植物在花園中是不好的。(看法)

_____ 1. 月亮繞著地球運行。

_____ 2. 所有看見月亮的人都能引發靈感。

_____ 3. 香蕉嘗起來很噁心。

_____ 4. 香蕉是一種水果。

_____ 5. 亞伯拉罕・林肯是被暗殺身亡的。

_____ 6. 亞伯拉罕・林肯是最好的總統。

_____ 7. 加拿大有世界上最美麗的湖泊。

_____ 8. 加拿大有很多湖泊。

_____ 9. 紅色和黃色混在一起會變成橘色。

_____ 10. 橘色是最美的顏色。

現在寫下關於你學校的一件事實和一個看法。

1. 事實:＿＿＿＿＿＿＿＿＿＿＿＿＿＿＿＿＿＿＿＿＿＿＿＿＿＿＿＿＿＿＿

2. 看法:＿＿＿＿＿＿＿＿＿＿＿＿＿＿＿＿＿＿＿＿＿＿＿＿＿＿＿＿＿＿＿

圖表和圖示

　　增加一些圖表或圖示將會使你的報告更有趣。先以腦力激盪找點子開始。舉例來說，如果你要寫一篇有關冰淇淋的報告，以下就是一些圖示和圖表的點子。

　　在下面的空白處腦力激盪，列出其他有關冰淇淋（或是你正在寫的主題）的圖表或圖示的點子。

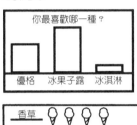

你最喜歡哪一種？

優格　冰果子露　冰淇淋

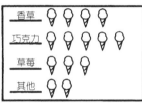

香草
巧克力
草莓
其他

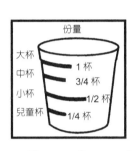

份量

大杯
中杯　　1 杯
小杯　　3/4 杯
兒童杯　　1/2 杯
　　　　1/4 杯

冰淇淋的成分：

牛奶　糖
香料

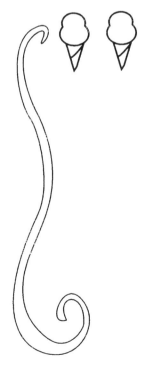

製作圖文並茂的報告

有人說一張圖片勝過千言萬語。無論這是事實或看法，一張圖片真的可說出很多事。這是你以圖片和文字分享你所學到關於你的主題所有東西的機會。

材料

· 蒐集非小說類的繪本書籍
· 索引卡，任何大小均可
· 約 22 公分 × 25 公分的圖畫紙
· 報告檔案夾

· 空白和有畫線的筆記紙（約 22 公分 × 28 公分）
· 筆、鉛筆、螢光筆、蠟筆等

指引

1. 開始時，盡可能地多看。多注意這類圖書如何填滿一個主題的資料。例如，你可能會找到一本關於小狗狗的非小說類的繪本書籍，你會看見每一頁有一張大大的圖片顯示出文字所描繪的東西。

2. 使用索引卡來做筆記，就如同你在做一般的研究報告一樣。當你有足夠的筆記時，就是你計畫你的圖片報告的時間了。

當小狗狗剛出生時，牠們的眼睛是閉著的。牠們的眼睛在一或兩週內不會張開。牠們是使用嗅覺來尋找媽媽。

3. 計畫你將會寫多少頁。你的老師會指導你有關你的圖片報告寫多少頁，和如何寫目錄以及參考書目。

4. 拿出你會用到的資料，將它們依邏輯順序排列，以及決定哪幾頁會包含哪些資訊（你可能會想要每一頁先有一小段，但當你計畫時，也把圖片放在心中構思；你不會想把兩張同樣或幾乎一樣的圖片接連排列）。

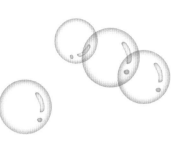

5. 使用圖畫紙，將一頁分為四個框框。在每個框框中編上號碼，來對照你的圖片報告的頁碼。在每個框框中，填上將會放入哪一頁的圖片和資訊的速描，做些修正，直到弄出你要的方式。然後，在筆記紙上畫每一幅計畫中的圖畫。確定以你的才藝畫滿那一頁，而只留下足夠的文字空間。將文字加入每一頁中。

6. 當每一頁都填滿時，將它們依順序放入一個報告的檔案夾。

7. 不要忘記加上一個封面頁，在封面上加上美編，而且記得寫上「圖文：＿＿＿＿＿＿」。

使之成形

● 寫作歷程　　　　● 研究報告的格式

寫作歷程

當我們撰寫一份研究報告時，從構想開始到完成作品，需要採取一些步驟。有時候我們會重複採取一個步驟，有時候我們會在一個小小的不同順序上來來回回反覆進行，但是基本步驟如下所述。當你撰寫報告時要經歷這些步驟，可以常參考這些要項。

 ## 寫作前

思考、閱讀、探索、做筆記、條列、腦力激盪、列大綱、串聚，和其他任何會幫助你想到以及計畫你將會寫的東西。

 ## 首次草稿撰寫

寫下一個「草稿版本」。動手寫下你所有的想法和計畫，讓你的想法和語詞行於紙上。當你在寫第一份草稿時，不要太擔心你的拼字和文法；反倒是專注於你想要說的和你想要述說的順序。

 ## 回應

這個階段是你請他人閱讀和聆聽你所寫的，而且你要從他們身上獲得回應。他們是否了解你正在述說的東西？你寫的是不是夠清楚和有趣？仔細聆聽以找出哪些是你已經做得很好的，什麼是需要再加把勁的。

 ## 修改

這是你更仔細檢閱你所寫下的東西和做些修正的時間了。你可能修改一些文字、重新排列一些句子、移動一些段落、增加一些細節或之前你可能遺漏掉的重要資料。

 ## 編排與重寫

在這階段之前，你可能已經請人校閱過你的作品中的拼字與文法錯誤。若還沒有，要確切地校閱過，作者常常會犯下這類的疏失。用字典檢閱拼字，也可以大聲朗

讀你的報告：這樣你會找到更多的疏失。請爸爸或媽媽閱讀你的報告，做所有需要的更動。

 評估

在這個階段，你的老師和同學將會讓你知道他們如何看待你的報告。你的老師會依據他所給你的指引，來評量你的報告，以確定你已經完成了。

 出版

一旦你的報告已經秀給人看了，就可以考慮出版（所以拍拍你的肩膀讚美自己一下）。此外，也可以貼在布告欄，或印在班級圖書、班刊上。

研究報告的格式

____**打字、列印或手寫你的報告：**

以新的打字機油墨帶或電腦印表機墨水匣列印，這樣字體才夠黑且容易閱讀。使用黑色墨水列印在約 22 公分 × 28 公分沒有底線的白紙上（太薄、可擦掉的紙容易弄髒或留下污漬）。記得要以兩倍行高為開始，才能在每一行間留下空間。只在紙的一面上書寫；不要在任何頁數的背面畫或黏任何東西。圖片、圖表或圖示都放在獨立分開的一頁。若是你的老師允許你用手寫報告，要寫得仔細和整潔。要節制使用立可白，如果有很多錯誤，那一頁再寫一遍。

____**頁面的邊界：**

在每一頁的頂端、底端和兩邊，即使沒有書寫任何東西，也都要留下一吋（約 2.5 公分）的邊界。在每一段的開始要向內凹兩個字。對於三行或三行以上的引用語，要在兩邊向內凹入，而且要刪掉引號。例如：

> 世界爺國家公園（Sequoia National Park）的森林警備隊員報告說，今年因為額外的大雨，有更多的熊為了尋找食物，隨著河流和溪水的暴漲，來到較低的海拔。

____**標題：**

你的老師會告訴你報告是否需要一張封面頁。如果需要，只有標題是以大寫字母來書寫。然後，在其他行寫上你的名字、班級或主題名稱、老師的名字和日期（參閱 61 頁）。如果不需要封面頁，那麼標題就放在報告的第一頁的最頂端。

____**頁碼：**

從第 2 頁開始，於每一頁寫上頁碼。

____**美術、圖表和圖片等：**

關於一些圖表或表格，你可能會想在該頁上留下空間來畫或黏上和內文相應的圖表。或者，你可以在報告中寫上「參見圖表三」，然後在報告的最後加上所有的圖表、表格、照片和美術作品。

如何撰寫一份
研究報告（三到六年級）

＿＿＿檔案與封面：

以紙類或輕薄的塑膠片封面裝訂你的報告。在頁面的左邊打洞，要確定在你裝訂成冊後，你的報告還可以被人閱覽。避免在文字書寫頁上有塑膠突出的部分，美術創作、圖片、表格等可被放在三孔的保護膜中，然後再放入報告活頁夾裡。

最後──撰寫報告！

- 製作封面頁
- 寫前言
- 陳述主題句
- 完成主要內文

- 標明資料來源
- 撰寫結論
- 註明參考書目

製作封面頁*

如果你的老師告訴你要加入一張封面頁於報告中，你可以先探詢老師的意見，在增加美編之前，需依照老師的引導。

題目：太空探索的歷史

作者：傑飛爾・蒙特羅斯（Javier Monteros）

科目：社會科

年級：三年級

指導老師：哈琳頓女士

1999 年 3 月 22 日

題目：海島

作者：凱夏・克拉克（Kesha Clarke）

科目：科學科

年級：二年級

指導老師：貝尼可撒先生

1998 年 2 月 7 日

題目：地鐵裡的小孩

作者：梅根・漢森（Meagan Hansen）

科目：社會科

年級：五年級

指導老師：哈薇女士

2000 年 5 月 3 日

＊譯註：在國內我們通常稱為書前頁。

寫前言

　　一篇好的前言會抓住讀者的注意力，先介紹主題（你的主要概念的陳述），然後緊接著報告中要呈現的次主題。簡而言之，以一份簡短的五至十個段落的報告來說，一個段落的前言就足夠了。而對一份四頁或四頁以上的報告而言，你的前言可能需要一頁或更長。請注意下面例子中的作法：

> 以「遠古族群」而聞名的阿納薩齊人（The Anasazi），曾經是一個居住在遠古以前但高度發展和繁榮的美國原住民族群。他們在懸崖邊搭建了壯觀的兩層和三層樓的家以及圓塔。他們實行農耕，製作美麗的陶藝、弓和箭。還有數千名精於其他技能（包含毛毯、石藝、編織籃子、珠寶和工具製作）的阿納薩齊人。觀光客在今日欣賞他們的手工藝時，了解到阿納薩齊人是兼具藝術氣質且務實的。

從這個前言，一系列要在報告中呈現的次主題就可以很容易地列出：

- 「遠古族群」的意義
- 阿納薩齊人的房子和建築
- 阿納薩齊人的農耕與食物
- 阿納薩齊人的手工藝
- 考古學家對於阿納薩齊人的想法

前言練習單

我的主要意旨是＿＿＿＿＿＿＿＿＿＿＿＿＿＿＿＿＿＿＿＿＿＿＿＿＿

我將要在我報告中寫的次主題包括：

1. ＿＿＿＿＿＿＿＿＿＿＿＿＿＿＿＿＿＿＿＿＿＿＿＿＿＿＿＿＿

2. ＿＿＿＿＿＿＿＿＿＿＿＿＿＿＿＿＿＿＿＿＿＿＿＿＿＿＿＿＿

3. ＿＿＿＿＿＿＿＿＿＿＿＿＿＿＿＿＿＿＿＿＿＿＿＿＿＿＿＿＿

4. ＿＿＿＿＿＿＿＿＿＿＿＿＿＿＿＿＿＿＿＿＿＿＿＿＿＿＿＿＿

5. ＿＿＿＿＿＿＿＿＿＿＿＿＿＿＿＿＿＿＿＿＿＿＿＿＿＿＿＿＿

　　在另一張紙上，寫出你的前言。由你的主要意旨的陳述開始，然後再簡短介紹你以上列出的次主題。不妨查看你的大綱、串聚、筆記卡和上面的例子。先不要寫細節；只要先確定提到每一個次主題。檢查看看你的前言從一個概念到下一個概念是否接得很流暢。當你的草稿前言述說出你想要表達的東西後，在你繳交給老師前請一位同學給你意見。

陳述主題句

　　你的報告需要有一個「主文」。一份報告的主文就是在你的前言之後與結論之前所有的次主題段落。這些段落中的每一段皆須由本身的主題句開始，來告訴讀者這一段是關於什麼。在一份關於阿納薩齊人的報告中，一些主要段落的主題句會是如下：

- 阿納薩齊人在懸崖邊搭建了壯觀的兩層和三層樓的住所。
- 除了打獵以外，阿納薩齊人發展了更進步的農耕型態。
- 阿納薩齊人製作了美麗的陶器和其他實用的、藝術的手工製品。

為下列的每一個段落寫下一個主題句：

1. 義大利麵快速又容易煮，只需要一個大鍋子、水和加熱就可以。它充滿了醣類，而且是低脂肪性食物。人們幾乎可以每天都吃義大利麵，而且因為有非常多種的義大利麵和調味醬，所以它永遠是吃不膩的。

---

2. 人必須身體健康才能在海中游泳。潮流和海浪總是在變化，所以一個游泳者必須有良好的準備。在潮流中游泳比在游泳池中要花費更多肌肉的力量，因為泳池中的水並非是持續流動的。起伏的海浪和海中的生物使得海洋成為一個更有趣的游泳之處。

---

3. 幾內亞豬很容易照顧。你只要準備一個籠子、一個輪子、鋸屑、食物和水。牠們很柔軟而且令人想擁抱。牠們不會占太大空間，也不會嚎叫或製造任何太大的噪音。你可以帶著牠們到任何地方，牠們看起來很好玩，牠們會以葡萄塞滿牠們的雙頰、清洗自己，且在自己的車輪上跑跑轉轉。

　　寫下下面主題句中的主詞。然後在另一張紙上，為每個主題句寫出一段四到六個句子的段落，以描寫出你自己的細節。

1. ＿＿＿＿＿＿＿＿＿＿＿可作為很好的寵物。

2. ＿＿＿＿＿＿＿＿＿＿＿是在夏天中從事起來很棒的事。

3. ＿＿＿＿＿＿＿＿＿＿＿是件困難的工作。

完成主要內文

　　你報告的「主文」是內容最多和最重要的部分。這裡你將要放入你費心努力所得的研究資料的最大部分。使用你的大綱和串聚來決定你將需要多少主文段落。當你嘗試以邏輯的次主題順序排列時，就移動你的筆記卡片堆。記得，你需要寫出一個主題句來開始你報告中主文的每一段。舉例來說，以一個關於「三明治」的報告而言，這個學生寫了下面的主題句來開啟他主文中的每個段落。

- 第一個三明治是由一位名為 Sandwich 伯爵的人在匆忙中所發明的。
- 在伯爵的想法風行起來後，人們開始發展他們不同的三明治樣式。
- 在三明治上可以看到外來因素的影子，如（墨西哥的）炸玉米餅、墨西哥麵餅捲、蛋捲、（阿拉伯的）沙拉三明治圓麵餅、烤乳酪餡餅，甚至是披薩。
- 在 1950 年代，漢堡成為三明治之王。
- 美國東海岸影響了三明治，而有英雄三明治、潛水堡和醃牛肉黑麥麵包的問世。
- 熱狗代表著文化的融合。

　　現在拿出你的一疊疊的筆記卡片和你的大綱或串聚。在下面的空格中，以你計畫要用的順序，寫出你主文中每個段落的主題句。

主題句 1：＿＿＿＿＿＿＿＿＿＿＿＿＿＿＿＿＿＿＿＿＿＿＿＿＿＿＿
＿＿＿＿＿＿＿＿＿＿＿＿＿＿＿＿＿＿＿＿＿＿＿＿＿＿＿＿＿＿＿＿＿

主題句 2：＿＿＿＿＿＿＿＿＿＿＿＿＿＿＿＿＿＿＿＿＿＿＿＿＿＿＿
＿＿＿＿＿＿＿＿＿＿＿＿＿＿＿＿＿＿＿＿＿＿＿＿＿＿＿＿＿＿＿＿＿

主題句 3：＿＿＿＿＿＿＿＿＿＿＿＿＿＿＿＿＿＿＿＿＿＿＿＿＿＿＿
＿＿＿＿＿＿＿＿＿＿＿＿＿＿＿＿＿＿＿＿＿＿＿＿＿＿＿＿＿＿＿＿＿

主題句 4：＿＿＿＿＿＿＿＿＿＿＿＿＿＿＿＿＿＿＿＿＿＿＿＿＿＿＿
＿＿＿＿＿＿＿＿＿＿＿＿＿＿＿＿＿＿＿＿＿＿＿＿＿＿＿＿＿＿＿＿＿

主題句 5：＿＿＿＿＿＿＿＿＿＿＿＿＿＿＿＿＿＿＿＿＿＿＿＿＿＿＿
＿＿＿＿＿＿＿＿＿＿＿＿＿＿＿＿＿＿＿＿＿＿＿＿＿＿＿＿＿＿＿＿＿

主題句 6：＿＿＿＿＿＿＿＿＿＿＿＿＿＿＿＿＿＿＿＿＿＿＿＿＿＿＿
＿＿＿＿＿＿＿＿＿＿＿＿＿＿＿＿＿＿＿＿＿＿＿＿＿＿＿＿＿＿＿＿＿

標明資料來源

在你的報告中使用別人的想法、片語或用詞是可以的，但是當你如此做的時候，你需要引證得自於何人。你不需要將你報告中所寫的每一件事情註明出處；關於常識性的資訊，如：「聖母峰是世界上最高的山，它的海拔是 29,028 英尺（8,848 公尺）。」因為這樣的資訊幾乎可在任何地方找到，便不需要引證是何人的說法。但如果你因為讀到一本很有想像力的作者所寫的書，他正猜想恐龍是否去了別的星球，而寫出：「也許所有的恐龍皆去了另外一個星球：也許牠們是去木星或火星」，你應該要對提出有這些想法的作者予以標出名字以示徵信。下面就是在你報告中應該有的寫法：

> 「很多人疑慮著到底恐龍發生什麼事，一些人說一顆大隕石撞上地球，而改變了環境。一本童書作者嘻鬧似地問著是否牠們去了……另一個星球？也許牠們到了木星或火星。」（莫斯特， 3）

《恐龍發生了什麼事？》（*Whatever Happened to the Dinosaurs?*）的作者是伯那‧莫斯特，所以在你引述他書中一部分的話之後，寫上你引用的作者名字和頁碼；然後在報告最後的參考書目中，加上該作者和他的書。請注意你括號之後句子的標點符號。即使你沒有直接引用作者的話，你也應該加以標明，以示徵信註明作者及出處，如下：

> 當一隻海星還小時，牠有個尾巴且漂游於海洋中。當牠長大時，尾巴就掉了，且住在海底。（絲翠珂， 11）

上面這位作者的話並未直接地被引用，但她有許多的文字意涵被使用，以至於以上的言論應該要註明作者及出處，以示徵信。當然你更應該在直接引用時給予標明：

> 「亨利叔叔從不笑的，他從早到晚努力工作，而不知道何為樂趣。他從長長的鬍子到他的粗劣靴子都是灰白色的，看起來很嚴厲和嚴肅，而且很少講話」。（鮑姆， 12）

有問題嗎？

如果我正在用的書沒有作者，我該怎麼辦？

在這種情況下，使用書名來替代作者的名字。如果書名標題太長，你可將它縮短。重要的是能讓讀者在你的參考書目中找到。

我正使用的文章沒有頁碼；它只有一頁，我該怎麼辦？

如果你用的是一頁的文章或是百科全書中的片段，便不需要放頁碼。

總之，要註明作者的名字，或沒有作者名字時，放文章標題；還有頁碼，若只有一頁或從百科全書引用時，就不用頁碼。

撰寫結論

「結論就是……」

你是否曾聽過一位演講者說過一些話而且繼續不斷地重複？也許有些人只是不知道如何做出結論，但是你將會知道怎麼做！結論意味著**這就是終點**，它是你報告的最後一段。

你的結論需要提出報告中所含括的東西（你的主要觀點）的簡短摘要。以下就是你應該在結論中含括的東西，你不需要放入所有每一項，但是盡可能多放些。那些你必須放入結論中的項目，會在之後列出一個星號（＊）。

---

1. 你主要觀點的摘要*

2. 你對於這項研究的看法

3. 你從撰寫研究報告所學到的東西

4. 為什麼這個主題對你來說是重要的

5. 讀者在哪裡可以找到更多的資訊

6. 一個最後強而有力且會留下深刻印象的句子*

下面是幾個簡短的結論段落（依你的報告長度，也許會更長）。在你閱讀完每一個範例後，給它一個分數——及格或不及格（pass or fail）。如果你認為該段符合一個結論段落的要求，就寫上一個**及格**；如果你認為它不夠好就給它不及格；如果你認為它特別好就給它一個**優級及格**（pass ＋）。

_____ 1. 如果你已經讀過我的報告，你現在知道我在想什麼，所以我現在就簡單地說：「到此結束」。

_____ 2. 所以，很清楚的是太空探索是必須繼續的，因為透過所做的發現、研究所得的和給地球上人們的努力貢獻，它可以使所有人受惠。未來有一天，我希望能成

為一位太空人，而且未來有一天，你很有可能到另一個星球拜訪你的孫子呢！

_____ 3. 在這份研究報告中，我已經寫了有關狗狗和牠們作為工作犬和寵物犬的所有事情。我也已經研究貓咪和其他寵物，這真的很有趣，但是如你所看到的，我並沒有將其他寵物們放在我的報告中。狗狗對我來說很重要的原因，是因為我真的喜歡牠們。我希望你喜歡閱讀我的報告！

_____ 4. 我已經寫完一些真的很有趣的舊電影，我希望你也喜歡。我認為舊電影比新電影棒太多了。

註明參考書目

　　參考書目是你報告的最後一頁！假若你已寫下你使用在資料筆記卡上的資料，就會容易多了。只要簡單地以作者名字的字母先後順序，列出一張你的資料來源。如果沒有作者，則以標題來排列字母順序（省略掉 *a*、*an* *和* *the* 等不定冠詞與定冠詞）。

　　下面是個依字母順序排列的參考書目的例子。請在空白處寫出每一項來源是**書本**、**軟體**、**雜誌**、**百科全書**、**影片**或**網路**，然後和班上同學討論你的答案。保留這一頁，當你寫參考書目時可以查閱。

參考書目

1. _____ *Anasazi, The Ancient Ones*（阿納薩齊人：遠古族群）. A National Park film, Cortez, CO 81321.

2. _____ Baum, L. Frank. *The Wizard of Oz*（綠野仙蹤）. Rand McNally & Co., 1956.

3. _____ *Boy Scouts of America*（美國男童軍）. Indian Lore. 1992.

4. _____ Hixson, Susan. *Internet in the Classroom*（網路教室） [Online].http://www.indirect.com/www/dhixson/class.html.

5. _____ Julian, Judith L, *Plot Lions*. Vers. 1.3. Writing Software, Inc., 1990.PC-DOS 2.0., 256KB, disk.

6. _____ *Mapquest*（電子地圖）. http//www.mapquest.com.

7. _____ Most, Bernard. *Whatever Happened to the Dinosaurs?*（恐龍發生了什麼事？）Harcourt Brace Jovanovich, 1984.

8. _____ Pettingill, Olin Sewall, Jr. "Falcon and Falconry." *World Book Encyclopedia*（世界圖書百科）. 1980.

9. _____ Straker, John Ann. *Animals That Live in the Sea.*（住在海中的動物）National Geographic Society, 1978.

10. _____ Sunset Books and Sunset Magazine. *New Western Garden Book*（新西方花園書）. Lane Publishing Co., 1979.

　　參考書目要有單行間距，而標題字間也有空間。英文參考書目每一項的第一行是從最左邊開始，但是第二行是要內縮五個空格。這在電腦中稱為縮排。而在手寫的報告中，標題必須在斜體字下畫底線。如果有需要，請參閱上面的例子，特別注意正確的順序和標點符號，在作者、標題和出版日期之後放上一個（英文）句號。

中文書目格式

　　就國小三至六年級學生而言，除正文引註的方式外，亦應初步了解中文參考書目的寫法。中文研究報告的書目格式通常採 APA 格式，所謂 APA 格式是指美國心理學會出版的 APA 手冊中所刊載的論文寫作方式，即投稿該協會旗下所屬的二十七種期刊時必須遵守的規定。呈現文末的中文文獻時，應以作者姓氏筆畫由少到多依序排列，同一筆資料的第二行需以「內凹二個中文全形字」的格式處理。撰寫方式簡述如下：

（一）期刊、雜誌、新聞文獻：

　　1. 中文期刊格式：

　　　　作者（年代）。文章名稱。*期刊名稱，期別*，頁別。

　　　　例如：沈姍姍（1996）。教育選擇與控制理念的另類思考。*教育資料與研究，4*，14-15。

　　2. 中文雜誌格式：

　　　　作者（年月日）。文章名稱。*雜誌名稱，期別*，頁別。

　　　　例如：王力行（2001 年 2 月 20 日）。落在世界隊伍的後面？*遠見雜誌，6*，14-16。

　　3. 中文報紙格式：

　　　　記者或作者（年月日）。文章名稱。報紙名稱，版別。

　　　　例如：陳揚盛（2001 年 2 月 20 日）。基本學力測驗考慮加考國三下課程。*台灣立報*，第 6 版。

（二）書籍、手冊、書的一章：

　　1. 中文書籍格式：

　　　　作者（年代）。*書名*。出版地點：出版商。

　　　　例如：林文達（1992）。*教育行政學*。台北市：三民。

2. 中文百科全書或辭典格式：

作者（主編）（年代）。書名（第 4 版，第 5 冊）。出版地點：出版商。

例如：黃永松等人（主編）（1985）。*漢聲小百科*（第 4 版，第 5 冊）。台北市：英文漢聲。

3. 中文書文集文章格式：（文集中的一篇文章，註明頁碼）

作者（年代）。篇名。載於編者（主編），書名（頁碼）。地點：出版商。

例如：鍾才元（2001）。生涯規劃：新手老師的就業準備與甄試須知。載於黃正傑、張芬芬（主編），*學為良師──在教育實習中成長*（425-457 頁）。台北市：師大書苑。

（三）視聽媒體資料：

1. 中文影片格式：

製作人姓名（製作人），導演姓名（導演）（年代）。*影片名稱*【影片】。（影片來源，及詳細地址）

2. 中文電視節目格式：

節目製作人姓名（製作人）（年月日）。*節目名稱*。電視台地點：電視台名稱。

（四）網路等電子化資料：

1. 中文格式 1（期刊文章）：

黃士嘉（2000）。發展性之學校危機管理探究。*教育資料與研究，37*。線上檢索日期：2001 年 2 月 20 日。網址：http://www.nioerar.edu.tw/basis3/37/a11.htm

2. 中文格式 2（雜誌文章）：

王力行（無日期）。落在世界隊伍的後面？*遠見雜誌網*。線上檢索日期：2001 年 2 月 20 日。網址：http://www.gvm.com.tw/view3.asp?wgvmno=413

3. 中文格式 3（單篇文章）：

林天祐（無日期）。*日本公立中小學不適任教師的處理構想*。線上檢索日期：1991 年 2 月 20 日。網址：http://www.tmtc.edu.tw/~primary

4. 中文格式 4（媒體報導）：

陳揚盛（1990 年 2 月 20 日）。基本學力測驗考慮加考國三下課程。*台灣立報*。線上檢索日期：2001 年 2 月 20 日。網址：http://lihpao.shu.edu.tw

使報告更精彩

- 多媒體報告
- 研究壁報
- 增加報告的趣味性！
- 有用的提示
- 最後的檢核表

多媒體報告

　　如果你已經進行了網路或光碟百科全書的研究，你就已經熟悉了多媒體。當你正按著電腦螢幕上不同的圖像和按鈕，而將文章開啓，或觀看影片，或聽聲音，你便是在「閱讀」一份多媒體報告。你也可以創作一份多媒體報告！只要依照以下的建議即可：

- 使用一個多媒體的軟體程式，像是 *HyperStudio**，或是任何類似的軟體程式。

- 使用說明書和參考手冊來熟悉這個程式。試著創作一些網頁（hyperstack，有組織的訊息），這相當容易。

- 看一看你的筆記、大綱和串聚：並決定在這一份多媒體的研究報告中要放入什麼資訊。

- 選擇五個重要的次主題，為每一個選擇五個有趣的訊息。

- 使用大的筆記卡、計畫以你的標題頁為開始的網頁（這也是首頁）。在這張卡片上加入你報告的主題、你的名字、科目、班級，以及老師的名字。增加（電腦）繪圖，使這頁更有趣。

- 增加五個點選鍵來引導讀者到你的首頁的其他卡片。假若你研究「邊界拓荒者」，你可能會有一個點選鍵連結至一張「歷史」的卡片：為什麼他們要往西去、他們去了哪裡，以及（發生的）事件。你可能也會有一個引導至「拓荒者食物」的按鍵，且述說著沿路被獵捕、收成和煮食過的東西，以及當他們食物吃完時會做什麼。「拓荒者的娛樂」可以描述他們休閒時從事的事情：舞蹈、音樂、遊戲、玩具等。你所有的主要標題都會被呈現出來。

- 一旦你重新組織過你的卡片，你可以變得更有創造力。可將點選鍵設計為任何你想要的形式：滑動點選以獲得更多訊息；增加圖片、照片，甚至是從一個百科全書程式或其他資源而來的影片；增加拓荒者音樂或個人專訪面談，以便增加聲音檔到你的報告中。

＊譯註：Hyper Studio 是一種互動式學習的多媒體應用軟體，因未有中文版本，故極少為台灣地區的小學生使用。一般而言，國民小學高年段（5-6 年級）學生較常使用 Microsoft PowerPoint 作為多媒體報告的工具。

任何閱讀你報告的人應該都能夠在任何相關的按鍵上點選，以便連結到任何一頁，並能夠返回去看任何一頁。在另一張紙上，為每一個主題，寫下可能會在你的多媒體報告中看到、讀到和經歷到的一些有趣的事：

西部邊界的拓荒者

1. 為什麼他們要前往西部

2. 危險與防禦

3. 拓荒者的食物

4. 拓荒者的衣物

5. 拓荒者開啟西部的文明

6. 遊戲和玩具

7. 舞蹈與音樂

8. 說故事

研究壁報

　　一張研究式的壁報就像是一頁研究報告一樣！但它真的就是一張的研究報告。它是一張很大的紙，事實上，它是一張充滿資訊的壁報！上面會有一幅巨大而且清楚畫出來的插圖，這是它最重要的特徵。你需要做些研究以便完成它。

 材料

- 一張大的壁報紙板
- 螢光筆、鉛筆、水彩筆、膠水等
- 資料來源（百科全書、參考書籍）
- 索引卡

 指引

1. 你需要做筆記，所以你會有很多關於這個主題的事實。舉例來說，如果你的主題是人類的身體，在器官、肌肉、骨骼等名稱上做筆記。如果你的主題是一個國家、省分或州，你將會更注意像湖泊、山脈等等的特色。

2. 決定你要在壁報上放什麼。如果它是一個人的外型或一個國家的輪廓，先將它在一張紙上畫個大概，看看它是否會與你的壁報相符。假若你的主題是火山，你可能想要畫一座大火山的輪廓，如此你才能顯現出它在（壁報）上會像什麼。

3. 畫出壁報的插圖。首先先做輪廓，

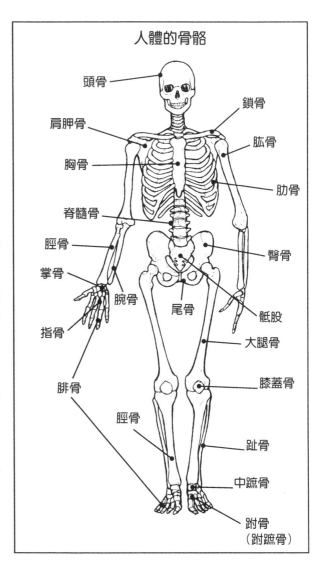

人體的骨骼

頭骨
鎖骨
肩胛骨
肱骨
胸骨
肋骨
脊髓骨
脛骨
臀骨
掌骨
腕骨
尾骨
骶股
指骨
大腿骨
膝蓋骨
腓骨
脛骨
趾骨
中蹠骨
跗骨
（跗蹠骨）

以確認你的事實資料有足夠的空間。

4. 在你的事實資料加上延伸線，來指出這些事實的名稱為何。一旦你將所有的事實資料都放入你的壁報，你可以增加更多的細節或在插圖上加添更多色彩。

延伸活動：藉著在標籤板上或美耐板*放上鹽巴、麵粉糊或購買來的黏土，來製作一個 3D 立體國家、州或省分的模型地圖，並標明出山脈、河谷和水的主幹。

*譯註：商標名，是一種絕緣或隔間用的硬質纖維板。

增加報告的趣味性！

你已經非常用功了，你也已經閱讀很多的書、做了很多的筆記、寫了很多頁，而且學了很多新的事情。你的報告充滿了有趣的事實（資訊）。班上許多同學將會因為你的用功而學到很多新事物。

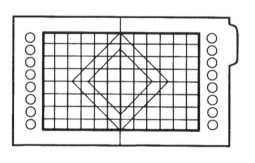

 遊戲

根據你研究報告的主題，製作一個遊戲。做這件事最簡易的方法是在檔案夾內面畫出一個遊戲棋盤。舉例來說，你要寫一份有關鯨魚的報告，你可以創作一個棋盤遊戲，讓不同的對手（不同種的鯨魚）嘗試成為第一個游移至他們夏天的家鄉的鯨魚。當對手移到某一個空格上，他們可以做那個空格所要求的動作：向前或向後移動、回答一個關於鯨魚的問題（你可以先製作一些關於鯨魚的小問題）、回頭來援助其他鯨魚、擱淺等等，使你的遊戲更多采多姿。製作計分標示物（嘗試用黏土、鹽巴或麵粉糊）、增加或製作一個陣亡，請求你的老師幫你為這個遊戲製作一個合板薄片。當你不玩時，你可以將它將摺起來，並將它收入一個有拉鍊的袋子，以保存所有的卡片和物件。

 活動和展示

由活動中引導你的同學來學習你的主題。如果你撰寫的主題是關於火山，你可以教他們如何製作他們自己的火山。請你的老師或圖書館員幫你尋找指引，仔細地研討，並在家長的協助下在家練習。當你準備好時，告知老師你將何時以及如何在班上操作演示。你只要展示一個火山爆發嗎？你是否

可以將同學分為不同組別，並且在你展示時，也讓每一組製作自己的火山？無論是活動或展示，要確實和你的老師完全地討論過，這樣他就可以幫你準備材料資源和安排時間。

小測驗

為你的同學們做個小測驗，可以是個口試或筆試的測驗。無論是哪一種形式，要確定將它設計得有趣又好玩。你甚至可以增加一些好笑的問題使它更為有趣，若是一個筆試的小測驗，則可增添一些圖畫。若是口試測驗，則運用一些視覺器材來協助。要確定在測驗前，你已先和你的同學分享了所需的資訊。

搜尋字詞

從你的題目中使用最重要的字詞，來為班上同學製作一個尋字遊戲。如果你需要協助，請老師給你一個尋字遊戲的範例。使用方格紙來幫你的線條直而不曲，而且可將你的字寫成直立、顛倒、斜角線和倒退。在空格上再填上一些沒有意義的字母，你的老師可以幫你為班上同學複印所需的份數。

縱橫字謎

首先，由你的報告中列出一張你要使用的字詞。用方格紙，切下字母或使用字盤板遊戲的字母牌。重整字母，直到你可以為它們找到交叉的一般字詞。當你有五到十個字詞可以安排時，將此安排寫下來，這樣你就不會遺漏掉。在方格紙上，預訂出你將要使用的方格。在每一個字的最先開始的字母方格，放一個數字。將這些方格皆留白。現在為每一個字寫下一個問題、暗示、謎語或線索，並把

這些寫在你的方格紙的底端：要確定它們被標的號碼是配合字謎中的空格。再次確定

你已拼音正確，你在每個字的方格中有正確號碼，以及每個線索的號碼皆正確地配合著字謎中的號碼。然後再複印和你同學分享。

口頭報告

你可以只以簡單的摘要，將你報告中的資料呈現給你的同學，並且分享圖表、曲線圖、一覽表和地圖等。如果你的報告是有關一個文化或國家，你可以帶食物來或做烹飪觀摩。

如果你的報告是有關飛行，你可以用摺的紙飛機做報告，並談論關於氣體力學。

如果你的報告是和一個群體或夥伴一起寫，你可以舉辦一個每位成員都準備好要分享報告中某部分領域的座談會。你們每一個人都會成為專家，並回答同學的問題。

假若有位同學寫了一個相似的報告，你可以為班上準備一場辯論會。舉例來說，如果你寫一份關於美式橄欖球的報告，而有另一位同學寫了關於足球的報告，你們便可以辯論哪一個運動比較好。

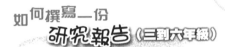

有用的提示

1. 想一想你正在為誰而寫。

   - 他們想要或需要知道什麼？

   - 對他們來說，什麼是有趣的？

   - 他們想要學習什麼？

   - 我如何幫他們以有趣的方式學習我的主題？

2. 想一想什麼資訊可以使你的報告更容易被理解，以及什麼資訊可以刪除。

3. 在你報告的每一個部分給自己充裕時間。這會降低壓力，而且有助於產生愉悅的經驗。

4. 假若你的報告帶有太多次主題而似乎太長，那就再縮小你的主題。哪些部分看起來較不重要而且應該可以移除？

5. 當你在寫一份研究報告時，避免使用「我」、「你」或「我們」。以第三人稱（他、她、他們等）來寫，就像一個報社記者的寫法。如果你在這方面需要幫忙，試著閱讀一些新聞寫作的頭版。

6. 在某些報導中你可以給予個人見解；在某一些中則否。假若你可以給予個人見解，它應屬於你報告中的結論而非本文。請和你的老師再商榷一下。

7. 如果你正在電腦上做你的報告，哪些地方可以放入視覺效果（小圓點、邊界、粗體字、同一型號字體變化、圖畫、表格等）？

8. 使你最後的草稿和結尾的增修盡可能的光彩亮眼，這是你好幾週以來全部努力的最終作品；要確定它能顯示出你這些日子來的辛勤工作！

最後的檢核表

在繳交你的報告前，請在下列的每一個問題前寫上「是」或「否」。這些都是你的老師在一份優秀的報告中會尋找的東西，也是展現你精心努力的最後機會。

＿＿＿＿＿＿此份報告是否有好的簡介？它是否吸引了讀者的注意力並且介紹了你的主題？

＿＿＿＿＿＿是否在主文中有足夠的資訊和有趣的細節？

＿＿＿＿＿＿是否有個良好的結論？是否摘要你的重要論點且讓讀者留下深刻的印象？

＿＿＿＿＿＿檢查段落。它們是否每一段皆以主題句開始？它們是否按順序排放？

＿＿＿＿＿＿檢查詞彙。你是否已用了你自己的話，而當你用了他人的話時，皆曾標明來源、出處？

＿＿＿＿＿＿是否有趣？你是否用了精確的字眼、強而有力的動詞、優美的描述？你是否增加了圖表解說、表格、曲線圖和地圖？

＿＿＿＿＿＿是否精準？查看你所述的事實有沒有錯失的資訊。檢查你的拼字和文法。

＿＿＿＿＿＿是否有封面頁？這個封面頁是否符合你老師給的要求？

＿＿＿＿＿＿是否有參考書目？要確定參考書目是完整並且格式正確。

＿＿＿＿＿＿是否乾淨且易讀？是否以黑墨水打字且為兩倍行距？或者是以黑色或藍色筆手寫且筆跡工整的？有沒有任何一頁需要因整齊因素而重寫？所有頁數皆有頁碼嗎？每一邊界都是標準的嗎？

＿＿＿＿＿＿你是否有輕拍自己的背，並因你盡心盡力且成功地完成你第一份的研究報告而鼓勵自己？

資料來源

Ackermann, Ernest. *Learning to Use the Internet-An Introduction with Examples and Exercises.* Franklin, Beedle & Associates, 1995.

Butler, Mark. *How to Use the Internet.* Ziff-Davis Press, 1994.

Fowler, Allan. *The Library of Congress.* Children's Press, 1996.

Gardner, Paul. *Internet for Teachers and Parents.* Teacher Created Materials, 1996.

Giagnocavo, Gregory, Tim McLain, and Vince DiStefano. *Educator's Internet Companion.* Wentworth Worldwide Media, Inc., 1995.

Haag, Tim. *Internet for Kids.* Teacher Created Materials, 1996.

Hardendorff, Jeanne B. *Libraries and How to Use Them.* Franklin Watts, 1979.

McLain, Tim and Vince DiStefano. *Educator's Worldwide Web Tour Guide.* Wentworth Worldwide Media, Inc., 1995.

Null, Kathleen Christopher. *How to Give a Presentation.* Teacher Created Materials, 1998.

Pederson, Ted & Francis Moss. *Internet for Kids! A Beginner's Guide to Surfing the Net.* Price Stern Sloan, Inc., 1995.

Periera, Linda. *Computers Don't Byte.* Teacher Created Materials, 1996.

Salzman, Marian & Robert Pondiscio. *Kids On-Line.* Avon Books, 1995.

Salzman, Marian & Robert Pondiscio. *The Ultimate On-line Homework Helper.* Avon Books, 1996.

網站資源

American Memory. http://rs6.loc.gov/amhome.html

The Children's Literature Home Page. http://www.ucalgary.ca/-dkbrown/index.html

Children's Online Literature Gopher. gopher://lib.nmsu.edu/11/.subjects/education/. childlit

Classroom Connect. http://www.classroom.net/

Cool School Tools. http://www.bham.lib.al.us/cooltools/

The Electronic Zoo. http://netvet.wustl.edu/history.htm

Encyclopedia Britannica Online. Http://www.eb.com

Exploratorium. http://www.exploratorium.edu

The Internet Public Library. http://ipl.sils.umich.edu

Kids On the Web. http://www.zen.org:80/brendan/kids.html

Le Louvre. http://mistral.enst.fr/~pioch/louvre/

Mapquest. http://www.mapquest.com/

Museum of Paleontology. http://ucmpl.berkeley.edu/ehibittext/entrance.html
NASA/JPL Imaging Radar Home Page. http://southport.jpl.nasa.gov
National Geographic Online. http://www.nationalgeographic.com
Online Educational Resources. http://quest.arc.nasa.gov/oer/
Spacelink. spacelink.msfc.nasa.gov
Virtual Museums. http://www.icom.org/vlmp/
Virtual Tourist. http://wings.buffalo.edu/world/vt2/
The White House. http://www.whitehouse.gov

搜尋引擎

（注意：在嘗試教導你的學生前，先要熟悉搜尋引擎。要確定你正使用的電腦有像 *NetNanny* 或 *Cyber patrol* 這樣的防堵軟體。仔細地監督學生；關鍵字可能會有不適當的意涵，而無論那個關鍵字原意圖的意義為何，搜尋引擎將會列出所有關於那個字的網站。）

Alta Vista. http://altavista.digital.com   *Excite.* http://www.excite.com
Infoseek. http://guide.infoseek.com   *Lycos.* http://www.lycos.com
Magellan. http://www.mckinley.com   *Yahoo.* http://www.yahoo.com

（註：本書於付印時，網址是精確的。）

中文參考書目

林天祐（2002）。 APA 格式第五版。載於台北市立師範學院學生輔導中心主編，*研究論文與報告撰寫手冊*（頁 111-134）。台北市：台北市立師範學院。

林菁編著（2001）。*圖書資訊利用教育──國小階段之課程設計與教學實務*。台北市：五南。

嘉義大學國民教育研究所（2005）。*博碩士論文格式撰寫參考手冊*（第 3 版）。嘉義市：國立嘉義大學。線上檢索日期： 2007 年 1 月 4 日。網址： http://adm.ncyu.edu.tw/~giee/new_page_(1).htm

賴永祥編訂（2001）。*中國圖書分類法──增訂八版*。台北市：文華。

參考答案

第 5 頁──何謂一份研究報告？

接受任何嘗試開始縮小一個主題。這是第一步的練習：更加縮小會隨著「選擇一個主題」而發生。

第 7 頁──選擇一個主題

接受任何合理的主題縮小。例如：

1. 火車、飛機、貨櫃船。
2. 螞蟻、蜜蜂、蝴蝶。
3. 特定的節日──從 Kwanzaa 到退伍軍人節，文化上或國外的節日。
4. 一個特定的植物或植物的功能。
5. 國家公園系統或一個特定公園的起源。

第 8 頁──撰寫提示

接受任何適當且有創作力的回應，使用 5 個 W 和一個 H，以及運用各項感官。

第 19 頁──找到圖書架上的書

1. 精緻藝術、運動，700-799，二樓。
2. 文學、詩集，800-899，一樓。
3. 總類、地圖集，000-099，六樓。
4. 精緻藝術、音樂，700-799，二樓。
5. 純科學、數學，500-599，三樓。
6. 歷史、傳記，900-999，一樓。
7. 語言、字典，400-499，四樓。
8. 社會科學、政府，300-399，四樓。
9. 應用科學、烹飪，600-699，三樓。

10. 宗教、神話，200-299，五樓。

＊注意：大多數的主題可以在六樓找到。

第 21 頁──找到圖書架上的書（續）

（1）501 K
（2）530 B
（3）530 T
（4）546 I
（5）579 P
（6）581 C
（7）592 N

第 29 頁──使用百科全書

攝影：Mo-Qu。恐龍：Cu-Ex。夏威夷：Gy-Ju。巧克力：Aa-Cu。響尾蛇：Qu-Ty。閃電：Ju-Mo。野花：We-Z。電腦：Aa-Cu。披頭四：Aa-Cu。火山：Ty-We。太空船：Qu-Ty。大猩猩：Ex-Gy。

第 31 頁──卡片與電腦分類

《打瞌睡的房子》（書名）。海洋（主題）。滑雪（主題）。馬克‧吐溫（作者）。《黑神駒》（標題）。印度（主題）。《通往泰瑞比西亞的橋》（書名）。電腦（主題）。泰勒（Theodore Taylor）（作者）。《藍色海豚島》（書名）。

第 37 頁──主要意旨的陳述

接受適當的標題縮小，如：籃球──籃球的歷史、女性在……。太空──太空船、火星探險、米爾。電腦──歷史、在教室中、在家中。馬──工作馬、表演馬、早期的馬。冰淇淋──全世界、歷史、如何做。

在學生進展到下一步之前，確認學生的主要意旨陳述。

第 47 頁──練習撰寫大綱

檢閱以確定學生已經在他們自己的主題下擬寫出至少五個標題。

第 48 頁──事實與看法

1.F。 2.O。 3.O。 4.F。 5.F。
6.O。 7.O。 8.F。 9.F。 10.O。
接受關於學校適當的事實與看法。

第 64 頁──陳述主題句

寫下主題句：接受和下面相似的適當回應

1. 義大利麵是種快、有經濟效應、健康又有趣的食物。

2. 在海洋中比在泳池中游泳為佳。

3. 幾內亞豬可成為很棒的寵物。

寫下一個主題：寫下一個段落：接受任何合理的完整段落的回應以支持主題句。

第 68 頁──撰寫結論

1.不及格──缺少摘要、一個結論句和結尾太草率等。

2.優級及格──最好的但仍不是完美。如何使它更完美？

3.不及格──模糊、不連貫。

4.不及格──資訊不夠。

第 70 頁──註明參考書目

1. 影片
2. 書
3. 書
4. 網路
5. 軟體
6. 網路
7. 書
8. 百科全書
9. 書
10. 書

第 76 頁──多媒體報告

接受任何合理的回應。

國家圖書館出版品預行編目資料

如何撰寫一份研究報告（三到六年級）/ Kathleen Christopher
Null 著；陳聖謨，林秀容譯.
　-- 初版. -- 臺北市：心理，2007（民 96）
　　　面；　公分. --（教育現場；14）
　　參考書目：面
　　譯自：How to write a research report: grades 3-6

ISBN 978-957-702-996-6（平裝）

1. 寫作法—教學法　2. 圖書館利用　3. 小學教育—教學法

523.313　　　　　　　　　　　　　　　　　96001467

教育現場 14　　**如何撰寫一份研究報告（三到六年級）**

作　　　者：Kathleen Christopher Null
譯　　　者：陳聖謨、林秀容
執行編輯：林汝穎
總　編　輯：林敬堯
發　行　人：洪有義
出　版　者：心理出版社股份有限公司
社　　　址：台北市和平東路一段 180 號 7 樓
總　　　機：(02) 23671490　傳　真：(02) 23671457
郵　　　撥：19293172　心理出版社股份有限公司
電子信箱：psychoco@ms15.hinet.net
網　　　址：www.psy.com.tw
駐美代表：Lisa Wu　tel: 973 546-5845　fax: 973 546-7651
登　記　證：局版北市業字第 1372 號
電腦排版：辰皓國際出版製作有限公司
印　刷　者：辰皓國際出版製作有限公司
初版一刷：2007 年 1 月

讀者意見回函卡

No. _____ 填寫日期： 年 月 日

感謝您購買本公司出版品。為提升我們的服務品質，請惠填以下資料寄回本社【或傳真(02)2367-1457】提供我們出書、修訂及辦活動之參考。您將不定期收到本公司最新出版及活動訊息。謝謝您！

姓名：_____ 性別：1□男　2□女

職業：1□教師 2□學生 3□上班族 4□家庭主婦 5□自由業 6□其他____

學歷：1□博士 2□碩士 3□大學 4□專科 5□高中 6□國中 7□國中以下

服務單位：_____ 部門：_____ 職稱：_____

服務地址：_____ 電話：_____ 傳真：_____

住家地址：_____ 電話：_____ 傳真：_____

電子郵件地址：_____

書名：_____

一、您認為本書的優點：（可複選）

　　❶□內容 ❷□文筆 ❸□校對 ❹□編排 ❺□封面 ❻□其他____

二、您認為本書需再加強的地方：（可複選）

　　❶□內容 ❷□文筆 ❸□校對 ❹□編排 ❺□封面 ❻□其他____

三、您購買本書的消息來源：（請單選）

　　❶□本公司 ❷□逛書局⇨_____書局 ❸□老師或親友介紹

　　❹□書展⇨____書展 ❺□心理心雜誌 ❻□書評 ❼其他_____

四、您希望我們舉辦何種活動：（可複選）

　　❶□作者演講 ❷□研習會 ❸□研討會 ❹□書展 ❺□其他_____

五、您購買本書的原因：（可複選）

　　❶□對主題感興趣 ❷□上課教材⇨課程名稱_____

　　❸□舉辦活動　❹□其他_____ （請翻頁繼續）

心理出版社 股份有限公司

台北市 106 和平東路一段 180 號 7 樓

TEL: (02) 2367-1490
FAX: (02) 2367-1457
EMAIL:psychoco@ms15.hinet.net

沿線對折訂好後寄回

六、您希望我們多出版何種類型的書籍

　❶□心理　❷□輔導　❸□教育　❹□社工　❺□測驗　❻□其他

七、如果您是老師，是否有撰寫教科書的計劃：□有□無

　　書名／課程：＿＿＿＿＿＿＿＿＿＿＿＿＿＿＿＿＿＿＿＿＿

八、您教授／修習的課程：

上 學 期：＿＿＿＿＿＿＿＿＿＿＿＿＿＿＿＿＿＿＿＿＿

下 學 期：＿＿＿＿＿＿＿＿＿＿＿＿＿＿＿＿＿＿＿＿＿

進 修 班：＿＿＿＿＿＿＿＿＿＿＿＿＿＿＿＿＿＿＿＿＿

暑　　假：＿＿＿＿＿＿＿＿＿＿＿＿＿＿＿＿＿＿＿＿＿

寒　　假：＿＿＿＿＿＿＿＿＿＿＿＿＿＿＿＿＿＿＿＿＿

學 分 班：＿＿＿＿＿＿＿＿＿＿＿＿＿＿＿＿＿＿＿＿＿

九、您的其他意見

＿＿＿＿＿＿＿＿＿＿＿＿＿＿＿＿＿＿＿＿＿＿＿＿＿＿＿

謝謝您的指教！　　　　　　　　　　　　　41114